Editorial
NUN

Significados
del pensamiento novohispano

Catalogación de obra

Beuchot, Mauricio

Significados del pensamiento novohispano

1a. edición, 2020

ISBN: 978-607-98935-3-8

Editorial Notas Universitarias, S.A. de C.V.
Impreso en la Ciudad de México

Formato: 15 × 21 cm

153 pp.

Editorial Notas Universitarias, S.A. de C.V.

Xocotla 17, Tlalpan Centro II, alcaldía Tlalpan,
Ciudad de México, C. P. 01400

www.editorialnun.com.mx

Dirección editorial, diseño de interiores y portada: Miryam Meza Robles
Editor y corrector de estilo: Lorena García Contreras
Edición digital: Carlos Papaqui Landeros

Impreso en la Ciudad de México

Significados
del pensamiento novohispano

Mauricio Beuchot

Índice

Introducción

En esta obra trataré de presentar algunos aspectos del pensamiento de la Nueva España que pueden ser significativos para nuestra historia cultural. La época novohispana es una herencia que hemos recibido, por lo que su estudio cobra gran relevancia.

El libro abre con la presencia del concepto de analogía en la filosofía novohispana. Así, inicia el recorrido desde el siglo xvi con Bartolomé de las Casas, quien llegó a una comprensión, al menos parcial, de la cultura indígena que le resultaba tan diferente. Heredero de ese pensamiento es Vasco de Quiroga, a quien le brinda su utopía multicultural, y más adelante encontraremos a Francisco Hernández, que usó el concepto de analogía en sus obras filosófico-médicas.

Veremos también cómo este pensamiento continúa con Alonso de la Vera Cruz, Tomás de Mercado y Antonio Rubio, quienes lo trabajaron en las obras escritas para sus clases en la Universidad y en otros colegios. Más adelante, inmersos ya en el barroco del siglo xvii, Sigüenza y Góngora y Sor Juana se beneficiaron de la analogía para su trabajo poético, que combinaba el culteranismo y el conceptismo.

En el siglo xviii, esta teoría filosófica estuvo presente en jesuitas como Diego José Abad, Francisco Xavier Alegre y Francisco Xavier Clavigero. Es preciso señalar que para este último fue de mayor importancia, pues dicho concepto lo guió para elaborar su defensa de la cultura indígena. Dentro de ese mismo período, también encontramos la analogía presente en Andrés de

Guevara y Basoazábal, lo mismo en el oratoriano Díaz de Gamarra, como se ve en su manual de filosofía moderna.

Hecho este recorrido general por el concepto de analogía y metáfora en el periodo novohispano, profundizo en el pensamiento de Bartolomé de las Casas, paradigmático para la filosofía latinoamericana. El propósito es ahondar en su manera de atacar problemas vivos y agudos, en pleno contexto de la llegada de los europeos a América, de modo que nos permita reflexionar filosóficamente nuestro tiempo.

Más adelante, analizo a fray Alonso de la Vera Cruz, quien, junto a Bartolomé de las Casas, es uno de los autores paradigmáticos novohispanos por su actual impacto en la filosofía mexicana y latinoamericana. En ambos podemos ver la preocupación por aplicar el saber a los problemas apremiantes de su momento y en ello, podemos encontrar un modelo para pensar nuestro presente.

Posteriormente, comentaré algunas de las obras filosóficas de tres pensadores ilustres del siglo XVI: el ya mencionado fray Alonso de la Vera Cruz, uno de los primeros profesores de la Universidad de México; fray Tomás de Mercado, primero maestro en el colegio del Convento de Santo Domingo y después en la Universidad de Sevilla; así como el padre Antonio Rubio, profesor en el Colegio de los jesuitas de la capital, que ya entra en el siglo XVII. Estos autores fueron lógicos consumados, por lo cual, destacaré su labor en la dialéctica o comentario a la *Lógica magna* de Aristóteles.

Pasaremos después al siglo XVII para adentrarnos en dos mexicanos del barroco novohispano, el primero es fray Francisco Naranjo, teórico meticuloso con una memoria excepcional; la otra es Sor Juana Inés de la Cruz, de quien indagaré sus aportes sobre el sabio jesuita Athanasius Kircher. De igual modo, destacaré sus ideas filosóficas y teológicas que sobresalen en sus piezas teatrales y poemas, aun sin haber sido filósofa de profesión o haber estudiado dicha disciplina de manera formal.

Para terminar, cierro con un capítulo sobre la Ilustración novohispana, con la cual llega la modernización de la enseñanza en México tanto en filosofía como en ciencia. Veremos principalmente los tres momentos que la ocuparon: uno primero en el que lo nuevo fue ignorado, después en el que se lo combatió y, finalmente, el punto de su incorporación.

Mi interés es mostrar que los rasgos del pensamiento novohispano pueden ser significativos actualmente y por esa razón, he optado por señalar desde el título de mi trabajo el objetivo de buscar elementos significativos de un período que llevamos en el fondo de nuestra historia y nuestra identidad.

CAPÍTULO 1

La filosofía novohispana, la analogía y la cultura

1.1 Introducción

La metáfora es una de las formas de la analogía y su importancia radica no sólo en el ámbito poético, sino también dentro de la filosofía, e incluso, en la vida misma, pues es parte del lenguaje. El interés por la analogía podemos encontrarlo desde Aristóteles hasta los tiempos actuales, como en el poeta Octavio Paz, quien llegó a decir que ésta era el núcleo de la poesía, es decir, su aspecto más expresivo. Presente a lo largo del tiempo, resulta pertinente revisar el concepto en el tramo de nuestra historia que nos compete, esto es, el periodo novohispano, prolífico en reflexiones acerca de este tema.

Encontraremos un gran movimiento intelectual en los colegios de las órdenes y en la Universidad de México, así como en pensadores autónomos. De acuerdo con lo anterior, ofreceré algunos puntos importantes a través de las aportaciones de ciertos autores destacados y su manera de abordar el pensamiento analógico.

La analogía es un modo de significar, intermedio entre lo unívoco y lo equívoco; es decir, si esto último es lo completamente ambiguo y confuso, y aquello lo claro y exacto, lo analógico no llega a la precisión del primero, pero tampoco se diluye en el equívoco, por eso puede abarcar las diferencias, sin perder la capacidad de unificar en la semejanza. Como he mencionado anteriormente, una de sus formas es la metáfora, tan útil para el estudio de las culturas pues permite ver la diversidad pero dentro de un cierto orden.

Me interesa señalar el conocimiento y uso de la doctrina de la analogía que mostraron los novohispanos, con el fin de enfatizar que, lo que he llamado una "hermenéutica analógica", tiene raíces en el pensamiento mexicano y de manera especial en esta etapa de la historia que abarcó tres siglos.[1]

Uno de los principales propósitos al hacer este trabajo responde a la necesidad de revitalización de la filosofía de nuestra época, porque ha pasado mucho tiempo empantanada entre univocismos y equivocismos. Así pues, es hora de que levante de nuevo el vuelo y tenga más vida y sentido; resulta apremiante hacerlo y considero que la racionalidad analógica es una vía adecuada para lograrlo.

1.2 El concepto de la analogía en la filosofía novohispana

La filosofía novohispana se desarrolla en tres etapas permeadas por un sano eclecticismo: en sus inicios fue escolástica, aunque en contacto con el humanismo renacentista; posteriormente se relacionó con el hermetismo barroco, ya con indicios de modernización; y finalmente se consolida como escolástica modernizada.[2]

En el siglo XVI sobresale Bartolomé de las Casas (Sevilla, 1484 – Madrid, 1566),[3] que fue el gran protector de los indios. Su defensa se encuentra a lo largo de sus obras entre las que destacan la *Historia de las Indias* y la *Apologética historia sumaria*, dedicadas a ensalzar la cultura indígena mexicana y la de otros pueblos.[4]

---

[1] Sobre esa temática *vid.* Mauricio Beuchot, *Tratado de hermenéutica analógica. Hacia un nuevo modelo de la interpretación*, México, UNAM, 5ª ed., 2015, pp. 31 ss.

[2] Mauricio Beuchot, *Historia de la filosofía en la época colonial*, Barcelona, Herder, 2ª ed., 2008.

[3] Se anotarán algunas fechas y lugares de nacimiento y muerte que se consideren pertinentes para contextualizar a ciertos autores.

[4] Bartolomé de las Casas, *Tratados* (ed. Lewis Hanke), México, FCE, 1941; *Historia de las Indias* (ed. Agustín Millares Carlo), México, FCE, 1951; *Del único modo de llamar a los pueblos a la verdadera religión* (ed. Agustín Millares Carlo), México, FCE, 1942; *Apologética historia sumaria* (ed. Edmundo O'Gorman), México, UNAM, 1967; *De regia potestate* (ed. Luciano Pereña), Madrid, CSIC, 1969; *Obras completas*, Madrid, Alianza, 1985.

El pensamiento del fraile tomaba aspectos tanto del humanismo como de Aristóteles y Santo Tomás, y los plasmaba con un estilo incisivo a la hora de narrar los sucesos de la conquista y denunciar los abusos que se hicieron. Ejemplo de ello, es su alegato a favor de los naturales de las Indias que peligraban en desaparecer, de modo que pide que trajeran población negra a América, considerada más resistente; no obstante, cabe decir, posteriormente se arrepintió y se opuso igualmente a la esclavitud de los africanos.

El concepto de analogía, aprendido del tomismo, resulta de utilidad para Bartolomé de las Casas para entender, en la medida de lo posible, una cultura totalmente diferente a la suya. La analogía fue el medio por el cual acercaba lo otro a los parámetros que conocía y se hacía más comprensible para los españoles. En ese sentido, en la *Apologética historia sumaria* comparó la otra cultura con la civilización de los griegos y romanos, así como con elementos del cristianismo. De esta manera disminuyó la extrañeza y, aunque la diferencia siguiera predominando, llegó a un punto intermedio.

En don Vasco de Quiroga (Madrigal de las Altas Torres, España 1480 – Uruapan, México, 1565) encontramos otras iniciativas de defensa de los indígenas. El caso más claro es la fundación de hospitales-pueblos, en cuyos escritos operativos el autor despliega su pensamiento.[5] Los indígenas carecían de sustento y cobijo tras la derrota contra los españoles y se encontraban dispersos por los montes donde morían en grandes cantidades; por ello, don Vasco ideó esos hospitales-pueblos, los cuales eran poblados que fungían como hospicios para que ahí se les diera alojamiento, además de trabajo y la oportunidad de aprender artes y oficios. En estos lugares también se les proporcionaban nuevos cultivos y ganado, de manera que podían no solamente sobrevivir, sino vivir dignamente.

Don Vasco supo aprovechar la noción de analogía para tratar de implantar en el Nuevo Mundo ideas del europeo. Así hizo con la *Utopía* de

---

[5] Vasco de Quiroga, "Reglas y ordenanzas para el gobierno de los hospitales de Santa Fe de México y de Michoacán", en Francisco Miranda y Gabriela Briseño (eds.), *Vasco de Quiroga: educador de adultos*, Pátzcuaro, CREFAL - Colegio de México, 1984; Vasco de Quiroga, *Información en derecho* (ed. Carlos Herrejón), México, SEP, 1985.

Tomás Moro, pues se dice que sus hospitales-pueblo eran un análogo de lo que el humanista inglés expuso en su novela. Cabe decir, su idea es análoga en tanto que no quiso trasplantar todo, sino solamente algunos aspectos en los que se ve el empeño de favorecer a los naturales.

Por su parte, fray Juan de Zumárraga (Tabira de Durango, España, 1468 – México, 1548), primer obispo y arzobispo de México, escribió algunos pareceres en los que condena la esclavitud de los indios y el maltrato que se les daba.[6] Con ello, se muestra el humanismo de este dignatario, quien no sólo se dedicó a su ministerio, sino que se preocupaba por el bienestar de los indios, condenando la esclavitud a la que se les sometía.

A éste se sumó fray Bernardino de Sahagún (León, España, 1499 – México, 1590), quien fue de los principales opositores de la destrucción de las antigüedades, y se dedicó a catalogarlas y describirlas en su obra *Historia general de las cosas de la Nueva España*.

La analogía cobra especial importancia en este último, pues se convierte en la herramienta para entender la cultura indígena. El empeño de conservar todo lo que pudiera de los pueblos originarios viene de una analogía de éstos con lo que él conocía: su propia cultura. De esta forma, pudo buscar las semejanzas y entender las diferencias, a pesar de la incomprensión de los conquistadores.

A su vez, el doctor Francisco Hernández (nacido en España hacia 1518) es un representante del humanismo en este periodo. Protomédico de Felipe II, no solamente hizo una exploración científica de la flora medicinal de las Indias, sino que se adentró en temas filosóficos. En su obra trata de conciliar a Platón y Aristóteles, maestro y discípulo, disonantes en primera instancia, aunque para los humanistas era posible una concordia.[7]

La actitud del Dr. Hernández fue analógica en esta empresa, cabe decir, nada sencilla, a pesar de que contaba ya con el antecedente de algunos de los post-socráticos que lo habían intentado, entre ellos los estoicos,

---

[6] Juan de Zumárraga, "El segundo parecer de Zumárraga sobre la esclavitud", en Carlos Herrejón (ed.), *Textos políticos de la Nueva España*, México, UNAM, 1984, pp. 173-183.

[7] Sus obras filosóficas están en el tomo VI de sus *Obras completas*, México, UNAM, 1984.

a quienes también el autor dedicó su atención. Operó de manera analógica también al momento de encontrar en las plantas medicinales de los indígenas un uso como el que se daba en Europa, enriqueciendo así la farmacopea de ambos mundos.

Por otro lado, fray Alonso de la Vera Cruz (Caspueñas, Toledo, 1507 – México, 1584) fue un profesor con formación escolástica que tomó en cuenta a los humanistas, y redactó un curso de filosofía, el primero en América, donde abordó la lógica y la física.[8]

La primera parte de su curso contiene las súmulas o compendio de lógica titulado *Recognitio summularum* o revisión de los compendios, porque en ella se encargó de depurar la enseñanza de muchas cuestiones inútiles o complicadas que solían contener las obras similares, aspecto que los humanistas renacentistas criticaban acremente en la escolástica.

Después encontramos la lógica más elaborada en *Dialectica resolutio* o análisis dialéctico, porque contenía principalmente lo relativo a los *Analíticos posteriores* de Aristóteles. La tercera parte corresponde a la física, abordada en *Physica speculatio*, así como a la astronomía de aquella época y lo concerniente a la psicología o del ánima.

Fray Alonso también escribió dos "relecciones", que eran lecciones especiales o solemnes con diferentes temas. La primera de ellas, titulada *Relectio de dominio infidelium* (1553-1554), se trataba acerca del dominio legítimo que tenían los infieles o indios sobre sus tierras; después *Relectio de decimis* (1554-1555), que hablaba sobre los diezmos que la Iglesia pedía a los indígenas, abogando porque éstos fueran moderados; por otro lado, está el *Speculum coniugiorum* (1556), que se traduce como "espejo de casamientos", donde defendía los matrimonios indígenas. Esta obra pertenecía a los espejos, un género literario particular que consistía en manuales donde se trataba alguna profesión, o bien, donde se indicaban pautas para los gobernantes como en los "espejos de los príncipes".

Fray Alonso expuso bien la doctrina de la analogía en su obra lógica, siguiendo de esa forma la línea del tomismo que aprendió en Salamanca

---

[8]   Con una edición en México (1554-1557) y tres en Salamanca (1562, 1569, 1573).

como alumno de Domingo de Soto. Fue de los teóricos más consumados del analogismo, aspecto que supo plasmar en su estudio del matrimonio indígena antes mencionado, pues sostuvo que era válido cuando fuera semejante o análogo al cristiano, es decir, si había consentimiento por parte de los dos cónyuges.

Por otro lado, uno de los principales intereses del dominico fray Tomás de Mercado (Sevilla, ca. 1525 – Veracruz, 1575) radicaba en la lógica, asunto que observamos en sus comentarios de las súmulas de Pedro Hispano y de la lógica mayor de Aristóteles y Porfirio.[9] Además, se distinguió como moralista de la economía; su *Suma de tratos y contratos* ha sido vista como un clásico de la historia económica, pues señala y critica aspectos que comenzaban a surgir al inicio del capitalismo, tales como la inflación.[10] Su interés por estos temas se mezclaba con sus posturas de repudio a la esclavitud, pues en dicha obra se duele también del comercio de la población negra. En ese sentido, pinta con vivos colores la mortandad en los barcos que traían a esos seres humanos, reprochaba que los separaran de sus familias y argumentaba que, a pesar de ser algo permitido por el derecho de gentes, debería ser prohibido según el derecho natural.

Mercado estudió el concepto de la analogía en su obra lógica y supo aplicarlo en su trabajo sobre los tratos y contratos, ya que allí se veía la justicia conmutativa, la cual puede verse como proporcionalidad que, a su vez, es el núcleo de la analogía. La aplicación del concepto se halla también en su postura sobre los esclavos negros, a quienes consideraba como sus prójimos y semejantes, es decir, análogos. Así, encontraba en la esclavitud una práctica algo deplorable y una mancha al nombre de los cristianos.

Del lado de los jesuitas, tenemos a Antonio Rubio (Rueda, España, 1548 – Alcalá, 1615), quien elaboró un curso de filosofía que dejó

---

9 Tomás de Mercado, *Commentarii lucidissimi in textum Petri Hispani*, Hispalis, Hernandus Diaz, 1571; (trad. Mauricio Beuchot), México, UNAM, 1985; *In Logicam magnam Aristotelis commentarii*, Hispalis, Hernandus Diaz, 1571.

10 Tomás de Mercado, *Suma de tratos y contratos,* Salamanca, Matías Guast, 1569; Sevilla, Fernando Díaz, 1571 y 1578; trad. italiana en Brescia, Pietro Maria Marchetti, 1591; ed. nueva de Nicolás Sánchez Albornoz, Madrid, Instituto de Estudios Fiscales, 1977.

inconcluso, asimismo, un trabajo que gozó de mucha fama denominado *Lógica mexicana*, el cual seguramente fue leído por Descartes, pues era el texto con el que se preparaban los exámenes en el colegio de La Flèche, donde el francés estudió; además, dicha obra fue citada por Leibniz en su disertación *Sobre el principio del individuo*. Su texto tuvo numerosas ediciones y ahondaba no sólo en la lógica, sino también en la física, e incluso iba a contar con una metafísica, pero la muerte impidió este proyecto.[11] Rubio trató la analogía en su exposición de la lógica de Aristóteles, donde recogió el texto original del Estagirita, en versión latina, para comentarlo de manera meticulosa y puntual. Cabe decir que dicha forma de trabajar era todavía una concesión a los humanistas del siglo XVI, aunque él ya despuntaba hacia el XVII.

Según podemos ver, tanto en la Universidad de México como en los colegios de diversas órdenes, había una excelencia académica semejante a la de Europa, representada en aquel entonces por España. Ya para el siglo XVII empezó poco a poco a recibirse la filosofía y la ciencia modernas. Hubo, por supuesto, muchos escolásticos, pero algunos de los intelectuales ya comenzaban a adoptar las nuevas ideas. La línea tradicional se dio sobre todo en la primera mitad de esa centuria, y después de la mitad comienza una renovación.

A mediados y finales de ese siglo, descuella Carlos de Sigüenza y Góngora (México, 1645-1700), quien ya se abría a la modernidad. En sus obras científicas se percibe la presencia de la filosofía reciente, sobre todo la de Descartes, pero también la de los nuevos científicos. Tal se ve, por ejemplo, en su *Libra astronómica y filosófica*,[12] en la que combate a autores que tenían ideas anticuadas sobre los cometas —a propósito de uno que apareció por ese tiempo— como el famoso padre Eusebio Kino, jesuita que había estado en la Universidad de Ingolstadt.

---

[11] Para el recuento de las mismas *vid.* Ignacio Osorio Romero, *Antonio Rubio en la filosofía novohispana*, México, UNAM, 1988, pp. 73 ss.

[12] Carlos de Sigüenza y Góngora, *Libra astronómica y filosófica*, México, Herederos de la Vda. de Bernardo Calderón, 1690; nueva ed. Bernabé Navarro, México, UNAM, 2ª ed., 1984.

Sigüenza escribe también el *Teatro de virtudes políticas*,[13] donde ejemplifica no con gobernantes romanos, sino indígenas. De ese modo, manifestó su criollismo, pues el encomio de los pobladores originarios de estas tierras era algo usual entre criollos como forma de reivindicación de su derecho a las mismas y como postura diferenciadora de los peninsulares. Dicha perspectiva se muestra también en su colección de piezas antiguas de la cultura india con las que comenzó un museo que después sería ampliado.

Es precisamente en este aspecto donde se muestra el analogismo de Sigüenza; es decir, en el criollo y el mestizo, vistos como análogos, se encuentra la conciliación de lo europeo con lo indígena, tal como lo hizo en los ejemplos sobre las virtudes políticas de los gobernantes.

Por su lado, Sor Juana Inés de la Cruz (San Miguel Nepantla, 1651 – México, 1695) refleja un sólido conocimiento de la filosofía. Dominaba la escolástica, que era común en ese tiempo, además, se cree que pudo conocer ideas de Descartes, gracias a su amigo Sigüenza. Por otro lado, cita al jesuita alemán Atanasio Kircher, referente del hermetismo en aquella época barroca. De igual modo, se le atribuyen unas súmulas de lógica, hoy consideradas perdidas, así como un libro sobre música titulado *El caracol*.[14]

Como los autores que hemos revisado, la escritura de Sor Juana también es marcadamente analógica; en su lírica se encuentra el uso de la metáfora y la metonimia, que son otras formas de analogía como sostiene Octavio Paz, crítico medular de la monja poeta. La interpretación de su obra puede llegar a resultar oscura por las distintas capas de significados y la incorporación tanto del cartesianismo o criticismo, como del hermetismo que se inclina en gran manera por el uso de alegorías y símbolos; ejemplo de estos aspectos es su composición *Primero sueño*.

Por otra parte, se conocen algunas cartas de mexicanos a Atanasio Kircher que, como he mencionado, era considerado el principal sabio del Barroco. En este tiempo ocurre la confluencia de dos formas de pensamiento: mientras que empieza a llegar la filosofía moderna y Descartes comienza a

---

[13] Carlos de Sigüenza y Góngora, *Teatro de virtudes políticas*, México, Vda. de Bernardo Calderón, 1680.

[14] Mauricio Beuchot, *Sor Juana, una filosofía barroca*, Toluca, CICSYH -UAEM, 2ª ed., 2001.

ser leído en este lado del mundo; también se estudia el hermetismo, como el de Kircher, analógico y simbólico como el mismo pensamiento barroco.

En el XVIII continuó la pugna entre conservadores y renovadores, pero para este siglo la modernización era ya más decidida. En ese sentido, los colegios de los jesuitas tuvieron un papel muy importante en la puesta al día de los estudios, hasta que en 1767 fueron expulsados de los dominios españoles y tuvieron que ir a los estados pontificios de Italia.

Uno de los filósofos de esta tendencia renovadora fue el jesuita Diego José Abad (Xiquilpan, Michoacán, 1727 – Bolonia, 1779). Su obra más notable es la composición en latín del *Poema heroico* que muestra un estilo trabajado a partir de sus traducciones de Virgilio, donde manifiesta su postura filosófica.

En la obra poética de Abad, el analogismo fue empleado para transmitir conceptos difíciles de filosofía y teología de una manera agradable y bella; gracias a ello, tuvo gran aceptación para fines didácticos, pues como era usual en la época neoclásica a la que pertenecía, el latín se empleaba para la enseñanza y la creación literaria.

Otro representante fue Francisco Xavier Alegre (Veracruz, 1729 – Bolonia, 1788), quien editó las *Instituciones teológicas* en las que trata múltiples temas filosóficos como el de la libertad natural del hombre contra la esclavitud.

De igual modo, el padre jesuita aborda la ley, el derecho y la justicia,[15] en un tratado donde emplea el concepto de analogía, entendida como la proporción o *proportio*, que es el sentido en el que los latinos tradujeron la palabra griega. En ese entonces, los tratados sobre la ley o el derecho estaban asociados a la justicia —como los anteriores *De iustitia et iure*—, y sostenían que para lograrla, se necesitaba aplicar la proporción que a su vez, llevaba a la equidad.

Otro autor importante de la época es Francisco Xavier Clavijero (Veracruz, 1732 – Bolonia, 1787), quien escribió un curso filosófico del que sólo se conserva la *Física particular*, aunque es por la *Historia antigua de México*

---

15 Francisco Xavier Alegre, *Institutionum theologicarum libri XVIII*, Venetiis, Typis Antonii Zattae, 1789.

que ha llegado a ser un escritor célebre. En ella defiende a los indios de las acusaciones de varios ilustrados que los veían como atrasados e inferiores, con lo cual legitimaban el dominio de los europeos.

A su vez, Clavijero es analógico pues, así como Bartolomé de las Casas defendió la cultura indígena por sus semejanzas con la europea frente a los humanistas que no la comprendían, también lo hizo de los ilustrados que la denostaban como inferior. Adoptó una estrategia parecida a Las Casas, que fue comparar ambas culturas e identificar sus similitudes y diferencias, pero señalando siempre los logros de la indígena.

Otro jesuita notable fue Andrés de Guevara y Basoazábal (Guanajuato, 1748 – Plasencia, 1801), quien publicó *Instituciones elementales de filosofía*,[16] editadas y estudiadas ampliamente en la época, por lo que cumplen también una función pedagógica. Entre sus obras, encontramos los manuscritos de los *Pasatiempos de cosmología*,[17] donde se puede leer su espíritu moderno, pues allí acepta el sistema de Copérnico, así como las ideas científicas de Galileo, Leibniz y Lambert. Asimismo, emplea el pensamiento analógico en sus disquisiciones sobre metafísica, donde demuestra un profundo conocimiento de esta doctrina antigua y medieval.

Cuando los jesuitas salieron expulsados, fueron suplidos por otros pensadores en la labor de modernizar los estudios filosóficos. En ese orden de ideas, tenemos al oratoriano Juan Benito Díaz de Gamarra y Dávalos (Zamora, 1745 – México, 1783) y sus *Elementos de filosofía reciente*,[18] manual en el que recopila la filosofía moderna para sus alumnos mexicanos. Añadió algunas otras obras, como los *Errores del entendimiento humano*, donde se ve la orientación epistemológica de la Modernidad, pues se dirige a la teoría del conocimiento.

El entendimiento de la analogía de Gamarra también es evidente, aunque con el matiz de que su centro ya no es la ontología, sino la

---

[16] Andrés de Guevara y Basoazábal, *Institutionum elementarium philosophiae*, Roma, Paulus Junchius, 1796.

[17] Andrés de Guevara y Basoazábal, *Instituciones elementales de filosofía* (ed. José Ignacio Palencia), México, Gobierno del Estado de Guanajuato - Universidad de Guanajuato, 1982.

[18] Juan Benito Díaz de Gamarra y Dávalos, *Elementa recentioris philosophiae*, México, Lic. José de Jáuregui, 1774; *Elementos de filosofía moderna* (trad. cast. Bernabé Navarro), México, UNAM, 1963.

epistemología, que era el sesgo nuevo que tomaba la filosofía moderna. Sin embargo, esta nueva orientación convive en su obra con doctrinas tradicionales, como su tratado de metafísica.

Este es el panorama de la presencia y uso de la analogía en la filosofía novohispana. Con base en todo lo que he expuesto, se pone de manifiesto que la analogía fue un actuante notable en el pensamiento de esta etapa tan importante en la historia mexicana. Es tiempo de recuperar este tesoro para la filosofía actual y sobre todo para la de nuestra patria.

1.3 Utilidad del pensamiento analógico

Como hemos revisado, el concepto de analogía y su utilización en la hermenéutica ha estado presente a lo largo del desarrollo de la filosofía novohispana. En el siglo XVI, entre los escolásticos humanistas, Bartolomé de las Casas lo aplicó a la defensa de los indios para demostrar que su cultura no desmerecía ante la española, pues era equiparable a la de los griegos y romanos. Su postura debatía con la incomprensión de humanistas como Ginés de Sepúlveda, que acusaba a los indios de crímenes de lesa humanidad, es decir, de leso humanismo; de esta manera Las Casas proponía otro tipo de humanismo, uno indígena pero análogo al europeo, con el fin de exponer la gran injusticia a la que se les había sometido.

Por su parte, Vasco de Quiroga en su intención de establecer una parea con los naturales una república india, propuso un régimen propio, solamente asociado al español. Consistiría en un orden análogo al de la metrópoli, pero con autoridades indígenas; de esa idea surgen los hospitales-pueblos en los que se pudiera recoger a los indios que estaban derrotados y dispersos en los montes, muriendo de hambre, con el fin de brindarles la oportunidad de tener educación y un oficio. Como he mencionado anteriormente, se trataba de una adaptación de la *Utopía* de Tomás Moro, a quien leía y admiraba.

Sahagún utilizó la analogía de modo parecido al de Las Casas, pues le sirvió para interesarse en las antigüedades indígenas que trató de conservar en obras como *Historia de las cosas de la Nueva España*. A su vez, el doctor Francisco Hernández emplea el modo analógico al comparar las hierbas medicinales indígenas con los remedios europeos, pues observó que tenían también un resultado favorable.

Alonso de la Vera Cruz expone la doctrina de la analogía en sus obras filosóficas y la aplica al hablar de la validez de los matrimonios indígenas, cuyo elemento en común con los cristianos es el consenso de los cónyuges. De igual modo, en su relección sobre el dominio de los infieles acepta el derecho legítimo de los indios de tener sus posesiones y por consiguiente, la injusticia de habérselas quitado durante la conquista. El mismo espíritu se encuentra en su doctrina económica respecto al tráfico de población negra, práctica de la que se duele con vehemencia.

En el siglo XVII, los principales analogistas son Sigüenza y Góngora y Sor Juana. El primero, al ver el gobierno de los indios como semejante al de los romanos, con las mismas virtudes cívicas, lo cual es resaltado en su escrito sobre las virtudes políticas de los gobernantes; por su lado, la escritora, en su amplio manejo de la metáfora y metonimia.

En el siglo XVIII los jesuitas continuaron con la analogía: Abad dentro de su poesía; Alegre en aspectos teológicos relacionados con la filosofía; y sobre todo Clavijero en su *Historia antigua de México*, en la que, como un nuevo Bartolomé de las Casas, muestra que la cultura indígena es equiparable a cualquier otra y la defiende de las críticas de los ilustrados que la veían como menor de edad y con ello justificaban la dominación europea.

Dentro de ese siglo no desmerece Gamarra, quien la expone en su manual, a pesar de que la filosofía se orientaba ya a la Modernidad, es decir, hacia la epistemología o crítica del conocimiento.

Éste es el panorama en la historia de la filosofía novohispana acerca del concepto de analogía y su utilización en la disciplina de la interpretación. Mediante esta revisión diacrónica es posible darse cuenta de que la analogía ha recorrido el pensamiento filosófico mexicano y no sólo forma parte de nuestra tradición, sino que puede continuar enriqueciéndonos.

1.4 Conclusión

El concepto de analogía fue trabajado considerablemente por los pensadores novohispanos. Es una noción de gran importancia, pues implica una sensibilidad para las semejanzas y diferencias, e incluso, para las semejanzas en las diferencias, y pensar de esta manera nos hace enfrentarnos correctamente al mundo.

La analogía es la que nos hace conocer al otro ya que respeta las diferencias, pero resalta las semejanzas, de modo que nos permite comprender parte de la alteridad. Si bien identificarnos completamente con el otro es algo utópico e idealista, pues siempre hay pérdida en la interpretación de lo diferente, lo más que podemos hacer es acercarnos por similitud; esto es lo que humanamente podemos alcanzar y resulta suficiente si sabemos manejarlo y aprovecharlo.

En el tiempo actual posmoderno donde se ensalza en gran manera la diferencia, es necesario advertir que no se la puede asimilar en su totalidad, que hemos de contentarnos con la aproximación a ella y darnos por satisfechos con lo que en esa línea podamos alcanzar. En este punto es donde se revitaliza la función del concepto de analogía, pues nos abre a la diferencia, pero nos cierra a la desmesurada pretensión de comprenderla completamente; es decir, nos hace semejantes a pesar de la diferencia y diferentes a pesar de la semejanza, y con eso nos basta.

CAPÍTULO 2

La filosofía política de Bartolomé de las Casas

2.1 Introducción

Mi propósito en estas páginas es poner de relieve algunos aspectos de la rica filosofía política de Bartolomé de las Casas; hay mucho que tratar en ella, pero mi objetivo es enfocarme en algunos puntos importantes. Comenzaré con una breve semblanza biográfica, para pasar luego a las fuentes de su pensamiento; de ahí procederé a dilucidar su rigor y objetividad como historiador. Más adelante me adentraré en lo que podemos llamar su republicanismo y abordaré su filosofía del derecho, específicamente la de los derechos humanos. Finalmente, tocaré unos cuantos rasgos de su teoría de la predicación y de la retórica, para desembocar en su hermenéutica que en sus inicios es de tipo latinoamericana.

2.2 Trayectoria de Bartolomé de las Casas

Apuntemos algunos rasgos biográficos para ubicar a nuestro autor: Bartolomé de las Casas nació en Sevilla en 1484,[1] lugar donde realizó estudios; en

---

[1] Solía ponerse como fecha de su nacimiento 1474, pero fue cambiada a causa de las investigaciones de Helen Rand Parish y Harold E. Weidmann, "The Correct Birthdate of Bartolomé de las Casas", *The Hispanic American Historical Review*, 3, 56, (1976), pp. 385-403.

1502, llega a la Isla Española en América, donde trabajó en minería y guerreó contra los indios, por lo que recibió algunos de ellos en repartimiento o encomienda. En 1506 viajó a Sevilla, donde probablemente recibió las órdenes menores, pues en 1507 fue ordenado sacerdote en Roma, aunque es hasta 1510 cuando cantó la que, se dice, fue su primera misa en las Indias.

En 1511 se convirtió a causa de la condena que le hizo el dominico fray Antón de Montesinos por el trato que le daba a los indios. De esa manera, liberó a los de su encomienda, ingresó en la orden de predicadores, perfeccionó sus estudios y misionó en América. Así, el cardenal Cisneros, que era regente de España, le dio el título de protector de los indios.

Fue nombrado obispo de Chiapas cuando ya ocupaba el trono Carlos V, y en 1550 tuvo su famosa polémica con Ginés de Sepúlveda. Ese mismo año renunció a su diócesis para volver a España y representar mejor a los indios; además, en este periodo tuvo una producción prolífica de obras. En 1560 continuó con su labor de defensa, ahora ante Felipe II, hasta el día de su muerte, a extramuros de Madrid, en 1566.[2]

2.3 Fuentes de su filosofía política

Puede considerarse a Las Casas como pensador colocado en el seno de la filosofía novohispana, pues, en efecto, peleó a favor del indio y lo hizo a partir de su experiencia y sus estudios. En este sentido, podemos decir que se convirtió en un índice de las corrientes filosóficas que confluían en la reflexión del problema indiano y de lo que se gestaba como algo nuevo dentro de una línea de pensamiento tanto española como americana.[3]

El contacto con algunos de los miembros de la Escuela de Salamanca le deja a Bartolomé de las Casas la herencia de un tomismo vivo, que era enseñado en las aulas del Colegio de San Esteban y se difundía por todas

---

[2]   Isacio Pérez Fernández, *Itinerario espiritual de Fr. Bartolomé de las Casas*, México, Instituto Dominicano de Investigaciones Históricas, 1996.

[3]   Jesús H. Álvarez, *fray Bartolomé de las Casas*, México, Cuadernos Dominicanos, 1984, pp. 54 ss.

partes, especialmente en el Nuevo Mundo, dada la cantidad de frailes que salían de esa escuela para ser misioneros. De este modo, no sólo en la cátedra, sino también en el púlpito, se enseñaban esas ideas y así fue como Las Casas pudo absorber toda una tradición a la hora de entrar a la orden dominicana para perfeccionar sus estudios filosófico-teológicos.

Cabe destacar que, si bien es cierto que el fraile añadió múltiples ideas propias, surgidas de su genialidad y de las lecciones que le daba su praxis en el Nuevo Mundo, no se puede opacar la enseñanza que recibió de otros. Reconocer esto no demerita su genialidad, al contrario, se le desfavorecería si se le diera la exclusividad de ciertas ideas que en realidad formaban parte del acervo común de toda una escuela, al igual que si se le desliga totalmente de la tradición a la que pertenecía, y a la que hizo crecer con la fecundidad de sus aportaciones.

En ese sentido, es oportuno señalar que nuestro fraile tuvo dos tradiciones principales: la escolástica, es decir, aristotélico-tomista, de la Escuela de Salamanca, especialmente por Vitoria y Soto; y por otro lado, la influencia de los humanistas, y ambas, aunadas a su propia independencia y creatividad, como respuesta a la problemática viva del momento. Con el ejemplo de Las Casas, vemos lo que significa hacer filosofía latinoamericana: tratar de encarar los problemas acuciantes que surgen de la situación concreta.

El influjo humanista renacentista le llegó por diversos lados, en primer lugar, de la presumible enseñanza que recibió de Antonio de Nebrija, gran filólogo español.[4] Por otra parte, también conoció en la corte de Carlos V a varios personajes flamencos del círculo de Erasmo de Rotterdam, como Pierre Barbier, Jean le Sauvage y Adolfo de Borgoña, señor de Veere y Beveren, alumno de Jacques Batt, quien fuera amigo íntimo del humanista holandés.[5] Pero quizás su principal influencia humanista fue la del Renacimiento, del cual nuestro fraile extrajo elementos valiosos tales como la insistencia

---

[4] Lo menciona como probable Isacio Pérez Fernández, *fray Bartolomé de las Casas*, Caleruega, OPE, 1984, p. 20.

[5] Marcel Bataillon, *Estudios sobre Bartolomé de las Casas*, Barcelona, Península, 1976, pp. 147 ss.

en la dignidad del hombre, la igualdad de los seres humanos, el llamado a la conquista del mundo, entre otros.

Tuvo rasgos proféticos, entendiendo aquí el profetismo como el hablar en nombre de la justicia o de la razón misma, pues Bartolomé de las Casas se ponía del lado de ambas al momento de elaborar su defensa del indígena. Esta postura es la que lo ha colocado con tanta radicalidad en el movimiento anti-colonialista y le ha dado el reconocimiento como primer precursor del anticolonialismo[6] y defensor de un humanismo indio, que no se había reconocido antes de él.

Crisol de la escolástica y el humanismo, nuestro fraile utilizaba ambas fuentes de pensamiento para defender no sólo los derechos humanos de los indígenas, sino los de la población negra. Esto aún no se le ha reconocido debido al antecedente de la petición que hizo para que se trajeran estas personas a América, con el argumento de que tenían mayor resistencia a la de los indios, los cuales parecía iban a desaparecer, desfallecidos por el trabajo tan pesado. Sin embargo, es preciso señalar que, así como se arrepintió de haber sido encomendero, después se arrepintió del asunto de los africanos y se volvió, igualmente, su defensor.[7]

2.4 Las Casas como historiador

Para hacer su defensa del indio, Las Casas decidió escribir la historia de la llegada de los españoles a estas tierras, y así es como concibió la *Brevísima relación de la destrucción de las Indias*, la *Historia de las Indias* y la *Apologética historia sumaria*, que tenían la finalidad de señalar la humanidad de todos los hombres.[8]

---

[6]   Juan Friede, *Bartolomé de las Casas: precursor del anticolonialismo*, México, Siglo XXI, 2ª ed., 1976, pp. 161 ss.

[7]   Mauricio Beuchot, *Los fundamentos de los derechos humanos en Bartolomé de las Casas*, Barcelona, Ánthropos, 1994, pp. 159 ss.

[8]   Bartolomé de las Casas, *Historia de las Indias*, t.2, México, FCE, 1951, p. 396.

En cuanto a sus principales rasgos historiográficos, fray Bartolomé fue muy controvertido. Se ha dicho que como historiador no fue imparcial, sino completamente opuesto a los españoles y apologista de los indígenas; no obstante, esto no impide que haga una historia más objetiva de lo que se le ha acusado. Las fuentes que emplea son de calidad y si bien su propósito es uno, no quiere decir que el uso que hace de ellas esté sesgado hacia la defensa de los indios a grado tal, que haga sospechosa su obra de falta de verdad.

Es innegable que todo historiador deja filtrar algo de sus intereses, pasiones y, por supuesto, elementos de su contexto cultural, social, psicológico, etcétera, pero es posible lograr la objetividad en historia que, no hace falta decirlo, es *distinta* de la de otras ciencias. En ese orden de ideas, intentaremos hacer ver estos aspectos en la obra historiográfica de Las Casas.

La historiografía oscila entre las certezas absolutas y el relativismo subjetivo, pues es imposible decir que en un ámbito tan concreto y humano se logre una objetividad como la de una ciencia exacta. Siempre al registrar o narrar un hecho hay interpretación, pero existe una objetividad proporcional a la historia, propia de esta disciplina.

Es claro que se puede alcanzar la objetividad historiográfica y se puede hablar del grado de acercamiento a ella que tiene determinado historiador, esto es, si en él han predominado intereses subjetivos o datos objetivos. De acuerdo con ello, podemos decir que fray Bartolomé de las Casas alcanza un considerable grado de objetividad y, si bien se muestra excitado por su indignación ante la injusticia y en su lucha a favor del indígena,[9] esto le aporta en elocuencia sin alejarlo de la verdad.

---

[9] Bartolomé de las Casas, *Brevísima relación de la destrucción de las Indias*, Barcelona, Fontamara, 3ª ed., 1981, pp. 29-30.

2.5 El republicanismo de Las Casas

Considero acertado señalar una doctrina republicana en América que se da en el pensamiento social de Bartolomé de las Casas.[10] Se encuentra ya en sus ideas políticas generales, donde hay una búsqueda de la democracia incluso en la monarquía, pues sostiene que todo gobierno tenía que resultar de una elección, además de propiciar la libertad en un contexto democrático. Bajo esta perspectiva, la autoridad venía del pueblo que hacía un pacto con el gobernante y si éste lo traicionaba, la autoridad volvía al pueblo y se podía derrocar al tirano. Además, había una serie de virtudes que el ciudadano había de cultivar para que lo ordenaran en su participación de la gestión pública.

Al borde del multiculturalismo, Las Casas defendía un conjunto de repúblicas indígenas con gobernantes propios, organizadas en torno a la Corona española, pero con libertad, no como colonias, sino como reinos de ultramar asociados al de España. Esta idea, por supuesto, no se concretó, así como tampoco tuvieron mucho efecto las *Leyes Nuevas* que logró para defensa de los indios, en las que se abolían la esclavitud y la encomienda; sin embargo, a pesar de que estas ideas no se llevaran a cabo, son una gran aportación de nuestro autor.

La lucha de Bartolomé de las Casas en defensa del indígena nos puede hacer ver su capacidad de reconocer la alteridad, la otra cultura y al otro hombre. Dicha capacidad fue resultado de su aplicación del concepto de analogía y proporción, ya que el otro, el distinto, es proporcionalmente idéntico a nosotros, es decir, parecido. Planteado de diferente modo, el otro se vuelve nuestro semejante y prójimo; así, se cae más en cuenta de sus derechos y por tanto, se vuelve más importante la exigencia de justicia hacia él.

En efecto, es notoria en la obra de Las Casas una voluntad firme de hacer justicia y un intento de restitución, en la medida correspondiente, de una situación donde se ha lesionado esa virtud. No se contenta con disculpas, buenos deseos y arrepentimientos, sino que exige una acción concreta de restitución

---

[10] Mauricio Beuchot, *Republicanismo, hermenéutica y virtud*, México, UNAM, 2017, pp. 67-79.

en la que se devuelva la libertad al esclavizado, sus bienes a quien ha sido robado y los sueldos que se deben a quien ha sido sometido a trabajos forzados.

Es pertinente señalar que, hasta este punto, podría no ser del todo claro si Las Casas está en contra de la esclavitud en general o si más bien sólo toma en cuenta la que se ejerce en las Indias. Consideremos que la esclavitud practicada en su época era lícita si resultaba de una guerra justa o si procedía de una compra; no obstante, Las Casas señala que en América no hubo guerra justa y por lo tanto, los esclavos que se compraban eran en su mayoría producto de una injusticia.

De acuerdo con lo anterior, lo más verosímil era pensar que ninguno de los esclavos en las Indias fuera justamente esclavizado y, por consiguiente, se volvía obligatoria la restitución. Para de Las Casas si alguien quería confesarse y salvar su alma por haber llevado a cabo esta práctica, tenía que ser forzado a pagar por su error, ya sea al individuo injuriado, o bien, a su familia o su pueblo. Esta declaración de estado pecaminoso de quienes hubieran hecho esclavos se trataba al mismo tiempo de una denuncia a una situación de injusticia en su época.

Si bien su defensa en este caso fuera en específico de los indios, se puede leer en su actitud el rechazo de cualquier esclavitud, pero era muy difícil que se opusiera a ella como institución, pues era aceptada en su época por derecho de gentes. Como si hubiera sido poco su posición respecto a la esclavitud particular que se realizaba en las Indias, poco después, arrepentido de haber pedido esclavos negros que ayudaran a los indios, también combatió la que se practicaba en África.[11]

La lucha de Las Casas por la justicia ha sido vista sobre todo en la discusión que mantuvo con Ginés de Sepúlveda en Valladolid, en 1550. En este famoso diálogo filosófico se debatió un tema sumamente importante para el destino histórico mexicano.

---

[11] Isacio Pérez Fernández, *Bartolomé de las Casas, ¿contra los negros?*, Madrid, Editorial Mundo Negro-México, Ediciones Esquila, 1991, pp. 11 ss.

Se conocen los principales aspectos de la polémica aludida por la relatoría de Domingo de Soto y otros documentos.[12] En ella, Sepúlveda acusaba a los indios de bárbaros incapaces de gobernarse a sí mismos, motivo por el cual se les podía esclavizar; por su lado, Las Casas se dedicó a establecer varios sentidos de la palabra "bárbaro" y a demostrar que ninguno de ellos aplicaba a los indígenas. De esa forma derrotó a Sepúlveda y evitó que a los naturales se les pudiera ver como casi animales, si no es que como tales. En esa querella, nuestro fraile ganó que se reconociera que los indios eran seres humanos como los europeos y por consiguiente, se les debía respeto por su dignidad.

Asimismo, en este intercambio de ideas se manejó el problema en supuestos escolásticos y humanistas, pues Sepúlveda era el humanista connotado y Las Casas, lo mismo pero en la escolástica; no obstante, como podemos ver, la escuela del primero condenaba a los indios, mientras que la del segundo los liberaba.

2.6 Filosofía y derecho

En la filosofía de Las Casas hay una parte jurídica importante,[13] pues era necesario laborar en ella para defender los derechos humanos de los indios. Se centró sobre todo en los títulos ilegítimos y legítimos de la conquista, de manera cercana a Francisco de Vitoria y a Domingo de Soto. En este trabajo muestra su potencia argumentativa, heredada de la escolástica, y su aprecio por la dignidad del hombre, a la altura de los más consumados humanistas.

En su obra rechaza como títulos legítimos que: 1) el Emperador sea dueño de todo el orbe; 2) el Papa tenga dominio sobre el mundo en el orden temporal; 3) se pueda castigar a los indios por ser infieles; y 4) se les pueda conquistar por sus pecados nefandos, como la antropofagia.

---

12 Francisco Fernández Buey, *La gran perturbación. Discurso del indio metropolitano*, Barcelona, El Viejo Topo, 1995, pp. 123 ss.

13 Mauricio Beuchot, *Filosofía y política en Bartolomé de las Casas*, Salamanca, San Esteban, 2013, pp. 101 ss.

En cambio, acepta como títulos que legitiman la conquista: 1) la idolatría, pero no como infidelidad, sino cuando es una blasfemia contra la religión cristiana; 2) el derecho de predicar el evangelio en todas partes, lo cual era impedido por algunos pueblos; 3) el derecho de intervención a favor del injustamente oprimido, a causa de los actos tiránicos de algunos gobernantes indios; 4) la defensa de los indios conversos, que eran perseguidos y martirizados; 5) la defensa de los inocentes, como en el caso de los que eran asesinados en los sacrificios humanos; 6) la voluntad de los indios, si ellos querían aceptar la fe; y 7) la ayuda a los aliados en contra de los aztecas como lo eran los tlaxcaltecas. Mas, a pesar de que aceptaba esos títulos como justificadores, Bartolomé señala que debía hacerse sin lesionar los derechos de los otros.

Vemos en los trabajos de Las Casas la preocupación por temas jurídicos y iusfilosóficos reales y concretos de su tiempo. Esto bajo la influencia de la reflexión de Vitoria sobre la guerra, pues intentaba servir de guía y límite para frenar los desmanes que en ella se hacían, aunque finalmente no haya podido detener las de la conquista. De igual manera, encuentra en la meditación de Soto sobre la ley una visión reposada y cerebral acerca de la misma, en su constitutivo esencial y sus principales divisiones, de manera que se tuviera una idea lo más completa posible de ella y que rigiera la comprensión de los filósofos, teólogos y juristas a la vez.

Las Casas recibe de dichos autores los principios y el espíritu que le permite centrarse en el estudio de los derechos naturales de los hombres, lo que ahora denominamos derechos humanos, y su aplicación primordialmente a los indios, pero también a todos los que vivían bajo la terrible sombra de la esclavitud. La naturaleza del hombre y sus necesidades, la dignidad humana, la búsqueda del bien común y de la justicia fueron ideas que orientaron la teorización jurídica de estos pensadores, mismas que serían altamente benéficas en esta época, si se toman de manera análoga o proporcional a nuestra situación actual.[14]

---

[14]   Jesús Antonio de la Torre Rangel, *El uso alternativo del derecho por Bartolomé de las Casas*, Aguascalientes, Universidad Autónoma de Aguascalientes, 1991, pp. 171 ss.

La labor de estos pensadores que eran a la vez filósofos, teólogos y juristas, resulta paradigmática de lo que debe hacer cada uno en su campo, por un lado, el filósofo en el de la fundamentación, por otro, el jurista en el de la aplicación. Si bien la positivación de los derechos humanos en leyes es de suma importancia, también lo es, en igual o mayor medida, su fundamentación filosófica, pues es a través de ella como se elaboran las leyes y derechos que han de regir las conductas de los hombres, de modo que sirvan al bien común, que es el fin exacto y universal de la sociedad y la realización misma de la justicia.

2.7 La predicación como persuasión

Las Casas sostuvo vehementemente que no se podía obligar a los indios a convertirse a la predicación por la fuerza. Los franciscanos, siguiendo a Duns Escoto, permitían la conversión forzada, pero los dominicos no, pues según su base en Santo Tomás, la aceptación de la predicación tenía que hacerse con plena conciencia.

Lo anterior hizo que fray Bartolomé diera mucha importancia a la manera de predicar, esto es, a la retórica entendida no como violencia teórica, de mera seducción, sino como instrumento de comunicación reflexiva y argumentativa.[15] De este modo, puedo señalar varias ideas de nuestro dominico acerca de la retórica,[16] fundamental en su proyecto pastoral o kerigmático.

En contra de quienes decían que se podía obligar a los indios a recibir la fe por la violencia, él luchaba por la presentación pacífica del Evangelio mediante la predicación persuasiva, la argumentación dialogal y la probidad de las costumbres o buen testimonio. Vemos aquí una actitud respetuosa

---

[15] Bartolomé de las Casas, *Del único modo de atraer a todos los pueblos a la verdadera religión*, México, FCE, 1942, pp. 28-29.

[16] Mauricio Beuchot, *Retóricos de la Nueva España*, México, UNAM-Instituto de Investigaciones Filológicas, 2ª ed., 2010, pp. 9-17 (Bitácora de Retórica, 2).

ante la racionalidad y la libertad de los indígenas, ya que confiaba en la interacción razonable entre los hombres.[17]

No obstante, contemplaba que, ni aun con todo este despliegue de cuidados argumentativos y de respeto por la razonabilidad del otro, se llegara a convencer al gentil; en ese caso, según nuestro autor, lo mejor era respetarlo, y si no quería convertirse o ni siquiera escuchar la predicación, había que dejarlo en paz. Las Casas tiene como valor más alto el respeto a la libertad de conciencia, pues la fe no era irracional ni demostrativa, sino razonable y voluntaria. En otras palabras, la fe era libre, por lo que se podía proseguir en el intercambio retórico y dialógico sólo si la otra persona quería oír de ella.[18]

Todas estas ideas se tratan en su obra intitulada *Del único modo de atraer a todas las gentes a la verdadera religión*, que se ha señalado como todo un tratado pedagógico.[19] En ese texto, Las Casas habla de su teoría del conocimiento, pues dice que se debe comprender el proceso cognoscitivo para poder enseñar; asimismo, hace una exposición muy notable de la retórica. Añadiría que también se encuentra de forma subyacente una antropología filosófica, es decir, una filosofía del hombre, pues toda pedagogía responde, finalmente, a una idea del ser humano.

Considero que el acto evangelizador o de predicación es de enseñanza, pues sigue el modelo de la docencia y puede incurrir en sus mismas deficiencias o en sus aciertos. Con respeto al disenso, Las Casas fue de los pocos que llegaron a decir que, si el indígena no quería convertirse a la predicación, estaba en su derecho y había que dejarlo en paz. Para él, lo que contaba era la voluntad y libertad, y con ello acepta y reconoce que el diálogo tiene dos caras: una intelectiva, que es la del razonamiento, y otra volitiva,

---

[17] Jacob Buganza, *En torno a Bartolomé de las Casas*, México, Torres, 2006, pp. 87 ss.

[18] Mauricio Beuchot, "Argumentación, retórica y conversión en Bartolomé de las Casas", *Cuadernos para la Historia de la Evangelización en América Latina*, 4, (1989), pp. 123-128; también recogido en Mauricio Beuchot, *Los fundamentos...*, ed. cit., pp. 63-70.

[19] José Alfredo Torres, *Bartolomé de las Casas, utopía vigente. Diálogo y educación no violenta*, México, Torres Asociados, 2003, pp. 7 ss.

que es la de la libertad, y a ella se alude sobre todo con el ejemplo, con el testimonio de vida.

Hay un pensamiento analógico en Las Casas centrado en el universal analógico y es a través de él como se pueden respetar las diferencias y matizarlas, además de que da una apertura a lo diferente. También muestra las iniciativas inadecuadas del diálogo, que son: 1) actuar sin consentimiento del grupo; 2) negociar el bien común por el propio; 3) dominar las otras conciencias; y 4) querer ayudar más allá de lo posible.[20] Son pautas que nos ayudan a obtener un diálogo más adecuado y fructífero.

Al unir retórica y pedagogía, nuestro dominico se vuelve uno de los pilares del diálogo intercultural, ya que sólo de manera pacífica puede hacerse; en ese sentido, la analogía ayuda a que no sea una imposición unívoca, pero tampoco un relativismo equívoco que no conduce a ningún lugar.

2.8 La hermenéutica analógica de Las Casas

Las Casas, al haber sido interpelado por el otro en cuanto ser humano, individuo y cultura, supo aplicar una herramienta conceptual conducente para llegar a esa conciencia y praxis que he señalado. El concepto de la analogía, de la semejanza proporcional, es el que nos hace conocer y reconocer al otro como diferente y a la vez como semejante; es decir, se trata de una hermenéutica analógica de diferencias y semejanzas puestas y ejercidas a la vez.

El antropólogo emplea y aplica la analogía cuando estudia una cultura para comprender lo que es capaz de alcanzar acerca del otro, a veces tan diferente a sí mismo. Con ese proceder fue como Las Casas entendió la otra cultura, por equiparación con la propia, como en su *Apologética historia sumaria*[21] donde las costumbres indígenas eran comparadas con las suyas y con las de los griegos y romanos, tan admirados por los humanistas.

---

[20]   José Alfredo Torres, *op. cit.*, pp. 149-150.

[21]   Bartolomé de las Casas, *Apologética historia sumaria*, t.1, México, UNAM, 1967, p. 167.

Así, encontramos el tipo de hermenéutica usado por Bartolomé de las Casas, y se nos aclara un poco más el modo en que lo aplicó a la cultura indígena. Es la fuerza de la analogía la que le hizo comprender lo poco o mucho que pudo captar de una civilización diferente de la suya. Si bien en la analogía hay semejanza, predomina la diferencia, y eso hace que se pueda entender más a quien es diferente, al otro, a pesar de tener que juzgarlo y criticarlo, aunque en ambos casos tuvo una postura liberadora o emancipadora.

Las Casas ejercitó una hermenéutica analógica y eso nos muestra la función que ésta puede tener en el diálogo intercultural, el cual continúa siendo un tema pendiente hasta estos días, pues todavía no acabamos de resolver todas sus problemáticas. A pesar de que no se haya puesto punto final al tema, los trabajos de comprensión que se han dado a lo largo de la historia son lecciones invaluables para la labor que tenemos ahora y a la que estamos comprometidos. En este sentido, su defensa del indio es un tema vivo y su hermenéutica le sirvió no sólo para interpretar la realidad, sino para tratar de cambiarla y hacerla un poco mejor.

2.9 Pensador latinoamericano

Por su aplicación a problemas concretos y urgentes de las Indias, Las Casas resulta uno de los primeros filósofos latinoamericanos.[22] En el mismo comienzo del pensamiento de nuestra América, es una voz viva que habla en contra de la opresión. Podemos decir que el fraile hace auténtica filosofía de la liberación, y aunque no existiera aún la denominación del término en aquel tiempo, el asunto terminológico pierde relevancia cuando la realidad a la que alude ya existía: el propósito y la lucha a favor de la libertad de los indios, como fue la que llenó toda la vida del célebre obispo de Chiapas.[23]

---

[22] Enrique Dussel, *1492. El encubrimiento del otro. El origen del mito de la modernidad*, Bogotá, Antropos, 1992, pp. 79 ss.

[23] Horacio Cerutti Guldberg, "Las Casas, precursor de los movimientos libertarios de nuestra América", en *Symposium fray Bartolomé de las Casas. Trascendencia de su obra y doctrina*, México, UNAM, 1985, pp. 251-264.

Nos encontramos ya frente a un planteamiento latinoamericano de la fundamentación de los derechos humanos. En efecto, Las Casas reconocía la identidad latinoamericana de los indios y, a través de ese mismo reconocimiento, la fomentaba, pues los consideraba primero hombres, en universal, y luego, hombres específicamente dueños y habitantes de un continente, a la altura de los europeos, como raza y cultura en la línea del cristianismo. Si no pensó tanto en el mestizaje, si no insistió mucho en el deparar una raza y una cultura nuevas, fue porque le interesaba más ver a los indios en pueblos, separados de aquellos españoles que tanto los oprimían y sostenía que todo se debía llevar a cabo con paz, concordia y justicia.

Este fue el resultado de una de las primeras reflexiones filosóficas en lo que propiamente puede llamarse la filosofía latinoamericana, pues surge de los problemas propios de este territorio. Además, es una filosofía que se puede llamar, con todo derecho, de la liberación, ya que su afán principal fue defender los derechos humanos para conceder a las personas sus libertades fundamentales. Este último punto es un tema que todavía nos toca hacer avanzar en la actualidad, por ello, es preciso pensar en Las Casas como un paradigma de nuestro quehacer filosófico en estas tierras.

2.10 Conclusión

Hemos considerado algunos elementos de la filosofía de Bartolomé de las Casas. Primero, vimos que para él la política y el derecho están gobernados por la ética, de ahí que busque la legitimidad y no solamente la legalidad, pues son cosas distintas. De esa forma pudo condenar las guerras de conquista y la esclavitud, tanto la hecha a los indios como a la población negra. Su postura sobre esta última ha sido acusada, pero como hemos estudiado y comprendido, al darse cuenta de la injusticia que se cometía, pronto se arrepintió de haberla permitido y la combatió con denuedo.

Bartolomé luchó por la liberación del Nuevo Mundo, por ello, se le puede considerar como uno de los pilares de la filosofía latinoamericana, inclusive en la línea de la liberación. Él fue quien más se opuso a la opresión de los pueblos originarios, al punto de ser acusado de fabricar una leyenda negra contra España, lo cual le atrajo un sinnúmero de dificultades.

Por todo lo que hemos revisado, Las Casas no sólo es un pensador, sino un testigo de su época, e incluso, bajo una perspectiva actual, también un luchador social.

CAPÍTULO 3

Alonso de la Vera Cruz: la filosofía novohispana en y para México

3.1 Introducción

Abordaré en estas páginas el ejemplo de Alonso de la Vera Cruz con el fin de acercarnos a la utilidad de la filosofía novohispana para el paradigma actual en nuestra disciplina. Tomo a este autor en específico pues se trata de una filosofía comprometida y atenta a los acontecimientos del momento socio-histórico. Haré un esfuerzo por mostrar que nos puede servir de referente para desarrollar un pensamiento dirigido a las circunstancias mexicanas presentes.

La filosofía que tenemos que hacer en México no solamente debe ser en o desde nuestro país, sino para él; es decir, que pueda ayudar de alguna forma a resolver sus problemas. La filosofía ha de tener injerencia en la sociedad, y no lo puede hacer en forma de recetas, o de directrices inmediatas de acción, sino desde los principios, que es el terreno que le corresponde.

La historia se ha desarrollado de esa manera, ha habido filósofos preocupados por la realidad y han hecho esfuerzos para señalar los principios que deben regir la acción individual y social en nuestros medios.

El camino que seguiré será, en primer lugar, desde la filosofía novohispana, precisamente porque ha sido vista como ajena a la preocupación social y a las realidades históricas; todo esto con el objetivo de mostrar que no fue del todo así y que hubo en ella pensadores interesados en la justicia y el bien común. Finalmente, cerraré con reflexiones sobre la antropología filosófica que puede fundamentar tanto la filosofía del derecho como la filosofía política actuales.

Como he mencionado, me centraré en fray Alonso de la Vera Cruz, uno de los pensadores que nos ha marcado un camino y, gracias a su ejemplo, es inevitable considerarlo un paradigma dentro de la filosofía. Fue el primero en fundar colegios y bibliotecas y uno de los catedráticos iniciadores de la Universidad de México, recién fundada en 1553; además, fue precursor en imprimir un curso completo de filosofía en el Nuevo Mundo, como se estilaba en aquel entonces. Por si pareciera poco, también fue uno de los pioneros en hacer filosofía seria y competente, al igual que sofisticada, pues bien podía tratar la lógica y cosmología, al mismo tiempo que abordaba problemas polémicos y actuales en la ética y filosofía política de su época.

3.2 Oportunidad de la filosofía

Es apremiante revalorar el pensamiento filosófico en México y el papel que tiene en nuestro contexto, asunto que ha sido ampliamente criticado.[1] Para comenzar a adentrarnos en esa tarea, será preciso recordar, en breves pinceladas, lo que es la filosofía. De manera muy sencilla, podemos decir que es el conocimiento de los supremos principios de la realidad a través de la razón; de ese modo, es la ciencia general y está más allá de las ciencias particulares.

Pues bien, a pesar de ello, esta rama del saber ha sido criticada y atacada en nuestras sociedades, y se ha querido suprimir o reducir al mínimo. No obstante, se olvida, o se ignora, que es la ciencia de las ciencias que dirige a todas. Así pues, si las ciencias y las técnicas son necesarias para sobrevivir, la filosofía lo es para vivir, y ninguna la puede suplir en esa función ordenadora que siempre ha tenido.

---

[1] Gabriel Vargas Lozano, "Filosofía y sociedad en el México actual", en Gabriel Vargas Lozano, Mauricio Beuchot *et al.*, *¿La filosofía mexicana ¿incide en la sociedad actual?*, México, Editorial Torres, 2008, pp. 25 ss.

Planteado ya un esquema mínimo, vemos que la naturaleza o esencia misma de la filosofía es su carácter como ciencia general de los principios supremos de la realidad. A ello, añadamos sus principales ramas, pues si bien existen otras, éstas son las indispensables: lógica, epistemología, ontología, antropología filosófica, ética, filosofía política —con la filosofía del derecho—, y estética.[2]

Aunado a lo anterior, quiero resaltar el carácter interpretativo de la realidad o la condición hermenéutica de la filosofía, pues tiene una parte teórica y otra práctica. Por ello, es preciso hablar de la filosofía como búsqueda de la verdad, en su rama epistemológica y ontológica, pero también como procuradora del bien, con la ética y política en su finalidad de desterrar la injusticia y la violencia, y alcanzar la justicia y la paz. Es por esto que la filosofía tiene una clara función social, tanto de crítica como de propuesta, y de ahí que sea tan necesaria.

Con estos rasgos muy breves quedará claro, según mis expectativas, qué es la filosofía misma, tanto en su aspecto teórico como práctico, y la manera en que puede servirnos en un nivel elevado y en uno concreto y real, pues permite un conocimiento profundo de la realidad natural y social en la que nos movemos.

Estos breves rasgos muestran el núcleo esencial de la filosofía y la gran importancia que tiene para la sociedad. Señaladas ya sus ramas principales y hecho un escueto resumen de las mismas, hemos apreciado la filosofía como búsqueda de la verdad, en la epistemología y ontología, y del bien, en su parte práctica con la ética y filosofía política. Además, observamos que de la política pasa al derecho, que tiene que corresponder a la ética y por otro lado, también se asoma a la estética y a otras disciplinas derivadas.

Es tan vasta que incluso, en su modalidad de ética y filosofía política, debe ayudar a vencer grandes problemas como la violencia, ya que es

---

[2]   Mauricio Beuchot, "La función de la filosofía en México", en *Ibidem*, pp. 53 ss.

inmoral la mayoría de las veces, y tiene que ver con el buen o mal ordenamiento político de la sociedad.[3]

Sobre todo esto versa la filosofía y que no se nos diga que no tiene sentido ni utilidad en la sociedad. Ha habido tentativas de remover nuestra disciplina de la enseñanza media superior —preparatoria o bachillerato—, pero se han logrado frenar, pues no encuentran justificación. No sólo necesitamos de la ciencia y la técnica que nos aseguran nuestra referencia en el mundo, sino también de la filosofía, que es la que nos da el sentido de nuestro estar en él.

Es preciso defender la filosofía que, ciertamente, no tiene la misma utilidad directa de las otras disciplinas del conocimiento, pero posee quizás, la mayor, pues es la que señala el rumbo de las otras; esto la coloca como la ciencia rectora, por encima de las demás, para comprender la vida y la existencia.

Nuestro interés es apreciar la injerencia que ha tenido nuestra disciplina en México, para ello, veremos el ejemplo de la filosofía en la época novohispana y posteriormente en un pensador del siglo xx.

3.3 Un ejemplo general: el período novohispano

Para substanciar con un ejemplo la labor que la filosofía tiene que hacer en la sociedad, aludiré al pensamiento novohispano. En estas líneas trataré de brindar un resumen de la reflexión que se hizo sobre problemas concretos y apremiantes en el México colonial. Cabe decir que este periodo de la historia de nuestra cultura abarcó tres siglos, desde la conquista hasta la Independencia, por esto es necesario conocerlo, pues en el fondo sigue trasminando hasta la actualidad y de alguna manera nos constituye.

Se ha creído que los escritores novohispanos se dedicaron a justificar la conquista y la colonización, pero hubo muchos y muy notables que

---

[3] Guillermo Hurtado, "Hacia una filosofía para la democracia en América Latina", en Mauricio Beuchot *et al.*, *La filosofía mexicana...*, ed. cit., pp. 73 ss.

fueron críticos de ella, e incluso, se opusieron y escribieron en su contra. Con esto se hace notorio que hubo una variedad de perspectivas y que muchos de estos autores pueden ser contados como paradigmas de la filosofía mexicana y latinoamericana, pues atacaron los problemas reales y urgentes de ese momento. Se trata de grandes humanistas dedicados no solamente a la especulación, sino a los grandes problemas de la historia que trataron de darles solución.[4]

En el siglo XVI también hubo una variedad de enfoques entre los catedráticos tanto de la universidad, como de los colegios, pues algunos hicieron textos pesados y farragosos, mientras que otros se esforzaron por depurar la enseñanza, en atención a los estudiantes, mucha veces sobrecargados por algunos manuales.

Hubo quienes revisaron y corrigieron esos materiales, sobre todo haciendo caso de las críticas de los humanistas renacentistas; ejemplo de ello son fray Alonso de la Vera Cruz, fray Tomás de Mercado y el padre Antonio Rubio, docentes en la Universidad y los otros colegios, quienes trataron de pulir la enseñanza escolástica. Por otro lado, se distinguieron en la defensa de los indios fray Julián Garcés y, como he mencionado anteriormente, fray Bartolomé de las Casas.

En la época barroca, hubo autores rebuscados que gustaban de adornar a tal grado su saber, que se ocultaba y se perdía; pero también hubo otros que pugnaron por brindar una enseñanza clara y consistente. Sin embargo, es preciso señalar que, a pesar de lo recargada que fue la corriente barroca, sus autores tuvieron logros y sobre todo fueron de mucha utilidad para los estudiantes de nuestra disciplina.

Por otro lado, fue en el siglo XVII cuando empezó la recepción de la filosofía moderna, en especial con los escritos de Descartes. De esa manera, los escolásticos fuertes fueron fray Diego Basalenque y el padre Diego Marín de Alcázar, mientras que los modernizados fueron don Carlos de Sigüenza y Góngora y la gran poetisa, Sor Juana Inés de la Cruz.

---

[4]   Mauricio Beuchot, *Historia de la filosofía....*, ed. cit., pp. 53 ss.

Si bien se encuentran dichos antecedentes, fue hacia la mitad del siglo XVIII cuando hizo propiamente su entrada la filosofía moderna. Es cierto que aún no lo hacía de forma completa, pues se tenía que salvaguardar la religión católica, de manera que, incluso, se trató de conservar lo que fuera aprovechable de la escolástica. Sobresalieron en esto los jesuitas, de entre los que destacan los padres Diego José Abad, Francisco Javier Alegre y Francisco Javier Clavijero; no obstante, tras la expulsión de la orden, en 1767, hubo otras que continuaron esa labor, como los oratorianos con Juan Benito Díaz de Gamarra y Dávalos como miembro destacado.

Sólo hasta fines de ese siglo puede decirse que hubo pensadores independientes, incluso anti-escolásticos, pues los otros eran más bien eclécticos. Estos autores que vinieron después criticaban duramente la escolástica, especialmente en los periódicos científicos que ya comenzaban a aparecer en nuestra patria. Ejemplos de ello fueron José Antonio Alzate e Ignacio Bartolache, que se burlaron de la escolástica y promovieron el pensamiento moderno en publicaciones como el *Diario literario de México* y el *Mercurio volante*.[5]

Esta confluencia de pensamientos se dio a finales del siglo XVIII y principios del XIX; incluso, algunos de los próceres de nuestra Independencia fueron de dichos eclécticos que, a su base escolástica añadían los autores modernos, principalmente franceses, para justificar la separación con respecto de España. Todavía Miguel Hidalgo y José María Morelos presentaron trabajos en la línea del eclecticismo, y fray Servando Teresa de Mier escribió justificando la revolución de Independencia.

Inclusive, investigaciones recientes han hecho ver que la Independencia no se efectuó apoyada en la ideología francesa, aunque la tuvo en cuenta, sino que se usaron argumentos tomados de la filosofía escolástica, por ejemplo la legitimidad del tiranicidio, o de la revuelta contra el régimen despótico. Se usaban los razonamientos de Vitoria y Las Casas para señalar que un régimen puede ser tiránico por su origen —*ab origine*—,

---

[5] Alberto Saladino García, "Filosofía de la Ilustración novohispana", en Alberto Saladino García (comp.), *Historia de la filosofía mexicana*, México, Seminario de Cultura Mexicana, 2014, pp. 83 ss.

y por su desempeño —*a regimine*—, y que en ambos casos es legítimo combatirlo. Muestra de la repercusión de esas ideas está en fray Servando Teresa de Mier, quien fue muy atento a los escritos de Bartolomé de las Casas para ese efecto.

Con todo lo expuesto, se hace manifiesto que la filosofía ha estado presente en la historia de México, tal como se ve en la época novohispana, en la cual, a pesar de las rémoras, sirvió a la sociedad atacando problemas reales y urgentes, y no sólo elaborando textos para las aulas. Es preciso conocer lo que se hizo en el campo filosófico durante los tres siglos que duró el virreinato pues es parte importante de la cultura mexicana.

3.4 Un ejemplo concreto: fray Alonso de la Vera Cruz

Después de haber visto la preocupación por los problemas reales y urgentes en la filosofía novohispana en general, pasemos ahora a ver, en concreto, a uno de sus más connotados exponentes, el cual nos servirá como paradigma o botón de muestra.

3.4.1 *Perfil de fray Alonso*

Alonso Gutiérrez, más conocido como fray Alonso de la Vera Cruz, nació en Caspueñas, Toledo, hacia 1504 o 1507.[6] Hizo estudios de gramática y retórica en la Universidad de Alcalá de Henares, y después a cursó artes y teología en la Universidad de Salamanca. En esta última fue alumno de Francisco de Vitoria y, sobre todo, de Domingo de Soto. Allí recibió el grado de Maestro en Teología y fue catedrático de artes o filosofía. En 1536 se trasladó a México, invitado por los agustinos, para enseñar a los que en estas tierras entraban a esa orden y serían misioneros en ellas. Así, tomó el hábito al llegar

---

[6] Walter Redmond y Mauricio Beuchot, *Pensamiento y realidad en fray Alonso de la Vera Cruz*, México, UNAM, 1987, pp. 13-14.

a la Nueva España, en el mismo puerto de Veracruz, por lo cual añadió a su nombre el de ese lugar.

Ya en sus labores de profesor, Alonso enseñó artes y teología en colegios de su orden en cuya fundación intervino, entre ellos el Tiripetío en 1540, el de Tacámbaro en 1545, y poco después el de Atotonilco. En el primero concluyó el primer curso de filosofía impartido en el Nuevo Mundo, en 1542. Es notable lo que señala Oswaldo Robles, pues fue "doscientos treinta y cinco años antes de que William Brattle dictara en Harvard College el primer curso académico de filosofía",[7] en lo que ahora son los Estados Unidos; con ello, se muestra el alto nivel intelectual que ya se daba en estas tierras. Finalmente, en 1553, en la recién fundada Universidad de México, dos años atrás, enseña la Sagrada Escritura y teología escolástica, impulsando siempre la filosofía.

Por otra parte, fray Alonso publicó su curso en la primera imprenta de estas tierras, la de Juan Pablos, entre los años 1554 y 1557, además, se hicieron otras dos ediciones en Salamanca, lo cual indica el éxito que tuvo también en España. Sus obras filosóficas y teológicas fueron las primeras editadas en el Nuevo Mundo, y después de muchos años dedicados a promover los estudios filosóficos y teológicos, murió en la Nueva España, en 1584.

3.4.2 Obras

Su curso de filosofía comprendía, como era usual, la lógica y la física.[8] Tenía una *Recognitio Summularum*, una *Dialectica Resolutio* y una *Physica Speculatio*. La primera correspondía a las súmulas o compendios de lógica, y se llama *recognitio* o revisión, porque fray Alonso depuró esa enseñanza de muchas cuestiones inútiles o complicadas que solían contener las obras de

---

[7]   Oswaldo Robles, "Introducción", en Alonso de la Vera Cruz, *Investigación filosófico-natural. Los libros del alma*, México, UNAM, 1942, p. VIII.

[8]   Walter Redmond y Mauricio Beuchot, *Pensamiento y realidad...*, ed. cit., pp. 14-15.

su tipo, aspecto que criticaban duramente los humanistas renacentistas a la escolástica.

Por otro lado, la parte dialéctica consistía en una mayor elaboración de la lógica, y su obra se llama *resolutio* o análisis, porque contenía principalmente lo relativo a los *Analíticos posteriores*, un texto de Aristóteles. Finalmente, la tercera era una especulación física, donde abordaba lo relativo a esta disciplina y también aspectos de la astronomía de aquella época.

En su obra es posible encontrar una enseñanza muy competente, a la altura de las mejores universidades de Europa, con la que se iniciaron en este territorio los estudiantes de los colegios agustinos y sobre todo, los de la naciente Universidad de México. Es una muestra de la excelencia que tuvo la filosofía escolástica en sus inicios en nuestro país.

Respecto al ámbito teológico, fray Alonso escribió dos "relecciones", que eran lecciones especiales o solemnes, a saber, una *Relectio de dominio infidelium* (1553-1554), esto es, sobre el dominio legítimo que tenían los infieles o indios sobre sus tierras; y una *Relectio de decimis* (1554-1555), es decir, sobre los diezmos que la Iglesia pedía a los indígenas que, solicitaba, no se cobraran o fueran muy moderados.

También dejó un *Speculum coniugiorum* (México, 1556, y Salamanca, 1562), que se traduce como espejo de casamientos, es decir, acerca de los matrimonios indígenas, mismos que consideraba válidos, pues incluían el mutuo consentimiento de quienes se casaban. Esta obra se inserta en la tradición del género literario de los "espejos", que consistían en manuales en los que se reflejaba alguna profesión, como la de los cónyuges, o bien, otros como los "espejos de los príncipes", para indicar cómo debían ser los gobernantes.

De este modo, nuestro autor conjuntaba lo más abstracto, como la lógica en la que era muy perito, con lo más concreto, como la ética, la filosofía política y la filosofía del derecho, todas basadas en la antropología filosófica o filosofía del hombre, en las que mostraba su comprensión del ser humano y, en ello, dejaba un precedente sobre cómo trabajar en esas áreas de la filosofía práctica.

3.4.3 Contenidos

Las obras de lógica de fray Alonso son muy competentes, pues abarcaban al mismo tiempo la lógica formal y la dialéctica de aquella época, es decir, lo relativo a la argumentación, junto con los tratados de los tópicos y las falacias. De igual manera, trataba lo propio de la filosofía del lenguaje de una manera pulida, ante las críticas de los humanistas renacentistas que veían demasiado abultados esos manuales. Ese método de trabajo llevó a que sus tratados de los tópicos dialécticos y los elencos sofísticos fueran de gran utilidad.[9]

Su obra de física también hace gala de gran erudición, pues además toma la cosmología de su tiempo dentro de una línea tradicional. Sobresale su comentario al *De anima* de Aristóteles, es decir, a lo relativo al alma, que viene a ser un tratado de antropología filosófica o psicología racional, donde examina las facultades del hombre, tanto cognoscitivas como volitivas, es decir, los sentidos, la imaginación o fantasía, así como el intelecto y el raciocinio.

También tiene un curioso trabajo sobre el cielo titulado *De caelo* que se encuentra dentro de su *Física*. Consiste en un tratado de astronomía basado en relatos de marinos, como Urdaneta, que recorrieron el mundo. En él, describe las tierras que se habían descubierto, hasta lo que era conocido, partiendo de la península del Labrador, en la actual Canadá, pasando por lo que ahora es Estados Unidos, luego México, después la América Central hasta llegar al Sur, al estrecho de Magallanes, y dar la vuelta por la parte del Pacífico para volver a Estados Unidos, para terminar con la conclusión de que lo que seguía, era todavía inexplorado.[10]

Además, también fue defensor de los indios, por ejemplo, en su *Relectio de dominio infidelium* o acerca del dominio que tenían los indios sobre sus tierras, determina que era ilícito e ilegal que los españoles se las hayan quitado. Sentencia que el emperador no es el señor de todo el orbe, como le

---

9   Alonso de la Vera Cruz, *Libro de los tópicos dialécticos* (introd., trad. y notas de Mauricio Beuchot), México, UNAM, 1989; *Libro de los elencos sofísticos* (introd., trad. y notas Mauricio Beuchot), México, UNAM, 1989.

10   Alonso de Vera Cruz, *Del cielo* (trad., pról. e introd. Mauricio Beuchot, coord. María de la Paz Ramos Lara), México, CEIICH-UNAM, 2012.

decían sus aduladores, ya que estas tierras no eran conocidas y por lo tanto, no pertenecían al imperio romano, del cual le hacían creer que era sucesor y heredero. A su vez, señala que tampoco el Papa podía regalar estos territorios, sino únicamente velar por la predicación del evangelio en ellos.[11]

Alonso llega a decir claramente que la ocupación de las Indias por los españoles había sido injusta, pero era ya muy tarde para oponerse a ella y exigir la restitución, como Bartolomé de las Casas pedía. Es notable señalar que por declaraciones menos provocativas podría haber sido encarcelado. Además, este fray sólo acepta la evangelización, pero no precisamente la conquista pues, de acuerdo con su base tomista, la fe no podía imponerse por la fuerza, sino transmitirse por medio de la persuasión.

Asimismo, a causa de su defensa de los derechos sobre los pueblos y las tierras en dicha relección, ha sido considerado como antecesor del derecho agrario en estas latitudes. De igual manera, en esa obra señala que, si no era posible evitar que los encomenderos exigieran tributos a los indios, entonces, debían ser considerablemente moderados. Algo parecido hace en su relección sobre los diezmos cobrados a los indígenas, quería que se les librara de ellos o, por lo menos, que fueran lo más benévolos posible.

Por otra parte, su libro acerca de los matrimonios indígenas ha sido considerado como un pionero de la antropología científica y no nada más filosófica, ya que en él describe y analiza las costumbres matrimoniales de los pueblos originarios, con lo que dejó un material invaluable para quienes han seguido en el estudio de las culturas. Su propósito fue ver si eran uniones legítimas o si tenían que volver a celebrarse por el rito católico, y concluye que, como implicaban el consentimiento entre los cónyuges, eran válidos y no tenían que repetirse. Con ello muestra su apertura y comprensión hacia la otra cultura.

Desde múltiples aspectos fray Alonso fue de los fundadores de la filosofía en México. Publicó lo que con todo derecho debe llamarse el primer curso filosófico del Nuevo Mundo que, como hemos visto, abarca la lógica

---

[11]   Alonso de Vera Cruz, *Sobre el dominio de los indios y la guerra justa* (introd., trad. y notas Roberto Heredia), México, UNAM, 2004.

menor y mayor, así como la física en el sentido aristotélico. A la vez, escribió de cuestiones sociales, ayudó en gran manera a los prelados, enseñó en la Universidad de México y protegió a los indios.

Finalmente, quiero añadir que en sus trabajos de lógica y de filosofía del lenguaje encontré el concepto de analogía, esa semejanza proporcional que nos hace captar los parecidos en medio de las diferencias. Fue a través de ella como logró comprender lo más que pudo al mundo indígena, al otro, a esa cultura tan distinta. Personalmente, he de añadir que fue uno de los autores que me movieron a ensayar una hermenéutica analógica, que va en la línea de su estudio e investigación.

La figura de fray Alonso de la Vera Cruz es ya de suyo importante por tratarse del primer filósofo, teólogo y jurista que publicó en México sus obras teóricas. Es, como dice Oswaldo Robles: "el padre de la intelectualidad mexicana";[12] sobre todo por su labor de maestro, pero también por la claridad y genio de sus escritos, así formó a los primeros pensadores novohispanos.

Considero que hemos de filosofar a la luz de fray Alonso, que fue tan competente catedrático de los pioneros en nuestra universidad, pues es una manera de mantener nuestra disciplina viva y hacer que atienda, como él lo hizo, los problemas reales y urgentes de nuestro país y la sociedad en la que vivimos.

3.5 Conclusión

Llegamos así a la conclusión de nuestro examen planteado al inicio del capítulo: la filosofía tiene sentido para la sociedad y depende mucho de nosotros que así sea. En la historia ha sido la conciencia de las naciones, ha tenido incidencia en ellas; lo hemos visto en la filosofía novohispana, a través de un ejemplo notable de esa época, el de fray Alonso de la Vera Cruz.

---

[12] Oswaldo Robles, *Filósofos mexicanos del siglo xvi*, México, Librería de Manuel Porrúa, 1950, p. 11; *vid.* Walter Redmond y Mauricio Beuchot, *La lógica mexicana en el siglo de oro*, México, unam, 1985, pp. 13 ss.

A decir verdad, varios pensadores de ese tiempo son paradigmas actuales, porque constituyen modelos de un filosofar comprometido que no sólo explora las altas cumbres del pensamiento teórico, sino desciende también al práctico y sirve al hombre común con señalamientos y orientaciones para la vida concreta. Quizás esta manera de filosofar novohispana sea en nivel inicial, pero es innegable su importancia, además de que en su momento, era suficiente para dar sentido a la marcha de la sociedad.

La reflexión de este capítulo también nos ha conducido a darnos cuenta de que la labor de la filosofía no es directamente resolver los problemas sociales, económicos o políticos, sino aportar los principios desde los cuales puede ser adecuada esa solución, como son los de la ética y la antropología filosófica.

Así, los problemas sociales le toca resolverlos al sociólogo, los políticos al politólogo, los económicos al economista, así como al ingeniero y al médico con sus problemas específicos, pero es al filósofo a quien le toca señalar los principios que rigen y orientan todas estas tareas. Este aspecto es de suma importancia porque sin principios las soluciones particulares están desarticuladas y no llevan al bien común de todos los ciudadanos; así pues, llamar la atención sobre esto último es la función del filósofo actual.

Sin embargo, hay una lección aún más importante: debemos hacer nuestra filosofía con afán de servicio para ayudar en la reflexión sobre los problemas acuciantes de nuestros países y aportar algunos elementos a la solución de los mismos. Se ha creído que la filosofía es una empresa inútil, pero tiene una gran utilidad, sólo que diferente de la que poseen las demás ciencias, y es la de edificar sistemas que den sentido al acontecer histórico en el que el hombre se encuentra inmerso.

Tenemos en fray Alonso un ejemplo o paradigma del hacer filosofía mexicana. Aunque era español, construyó filosofía auténticamente mexicana, no solamente por lo competente que era en la abstracción, sino porque atendió a los problemas concretos y urgentes del momento, como eran el cuestionamiento de la legitimidad de la conquista y del dominio de los territorios por parte de los indígenas.

Además, en su obra lógica dio considerable importancia al tema de la analogía de los términos, asunto relativo a la semántica o filosofía del lenguaje, pero que repercute en toda la filosofía. Personalmente, he de decir que fray Alonso fue uno de los pensadores que me sirvieron de modelo para elaborar una hermenéutica analógica, la cual pretende ser aplicada a los problemas reales y urgentes de mi país.

CAPÍTULO 4

La dialéctica en tres novohispanos: Alonso de la Vera Cruz, Tomás de Mercado y Antonio Rubio

4.1 Introducción

En el presente capítulo abordaré los textos de dialéctica o lógica de tres filósofos novohispanos: fray Alonso de la Vera Cruz, agustino; fray Tomás de Mercado, dominico; y el padre Antonio Rubio, jesuita. Todos pertenecientes al siglo XVI, aunque el último alcanzó algunos años del XVII. Los tres provenientes de España, enseñaron en México y dotaron a los de nuestra tierra con la lógica tan necesaria para el conocimiento de las ciencias y la filosofía.

Estos profesores suministraron instrumentos del pensamiento riguroso a los que estaban en estos lugares, además de dejar una herencia en la que se coloca el arte de discurrir adecuadamente. Por estas razones, puede decirse que fueron formadores de nuestra nacionalidad, pues movieron a las mentes a razonar con orden y de modo científico.

Otros vendrían después, tanto en el siglo XVII, como muchos otros que profesaron la filosofía en la Universidad y en los varios colegios de las órdenes religiosas en el siglo XVIII y principios del XIX. Se trató de toda una pléyade de lógicos que las investigaciones recientes han mostrado su gran competencia en esta materia y su carácter actual, pues bien podrían ser colegas de los lógicos más prominentes de nuestro momento. Sin embargo, pasada esta ola, ya en tiempos del México independiente y liberal, significativamente decaen los estudios de la lógica, de modo que quedan reducidos a su mínima expresión. Esto es lo que pasó con la filosofía moderna en comparación con la filosofía escolástica.

Para empezar, habrá que seguir el desarrollo que tuvo la dialéctica, pues fue adoptando diferentes formas a lo largo del tiempo. En la Antigüedad, Platón la veía como la ciencia metafísica y después Aristóteles la consideró como una la lógica de lo probable o plausible. Posteriormente, ya transitando por la Edad Media, fue marcadamente aristotélica y llegando al Renacimiento, tuvo eminentes cultivadores, tanto escolásticos como humanistas.

La dialéctica llegó a constituir la lógica misma, incluso, a ser una parte de ella que se dedica a reflexionar sobre sus elementos principales, como su objeto, su carácter científico, su necesidad, los universales o predicables, además de los predicamentos y los principios de la ciencia. Es decir, abarcaba lo correspondiente a la *Isagoge* de Porfirio y los libros de las *Categorías* y de los *Analíticos posteriores* del Estagirita, que finalmente llegan a los autores novohispanos.

4.2 La dialéctica

La dialéctica es una rama de la filosofía que forma parte de la lógica, pero que tuvo su propio recorrido histórico. Tratemos de ver unos cuantos rasgos que nos ubiquen en el tema, pues la dialéctica ha cambiado de formas con el paso del tiempo.

Inicialmente, tenemos las diferencias en Platón y en Aristóteles; para el primero, era la ciencia suprema, la ontología que aportaba las definiciones y tenía por objeto llevar a la contemplación de las ideas subsistentes. Para el segundo, si bien no era la ciencia suprema, pues ésta era la metafísica u ontología, la dialéctica era la ciencia que ayudaba a las demás ciencias a constituirse.

Aristóteles no buscaba las definiciones, sino los fundamentos de las ciencias, e incluso iba de los fundamentos particulares a los generales o universales. Para él, era la lógica de lo probable, la tópica, que servía para la discusión, e incluso, decía que la búsqueda de las definiciones había hecho a Platón hipostasiarlas como las formas o ideas, lo cual consideraba un error. El Estagirita buscaba los tópicos o lugares comunes en los que se pudiera basar la discusión y la ciencia.[1]

En la Edad Media, la dialéctica era aristotélica, pero mediada en gran manera por Boecio. Este último dio mucha importancia a las proposiciones y silogismos hipotéticos, por lo que la dialéctica fue dando paso a la teoría de las consecuencias o inferencias; es decir, fue siendo absorbida por la lógica formal.

Al final de la época medieval se logra cierta madurez, pues se llegó a la elaboración de la lista de los tópicos, de modo que la influencia de Boecio termina siendo más fuerte que la de Aristóteles. Como Boecio fue marcadamente estoico, recalcó la silogística hipotética y por ello, la fueron convirtiendo en una teoría de la consecuencia, que ya en sí misma era de la inferencia.[2]

En el Renacimiento, la dialéctica sigue en la línea de Aristóteles, a pesar de que se privilegiaba más a Platón, tal vez a causa de la costumbre de la Edad Media, donde predominó o llegó a predominar el peripatetismo gracias a la escolástica. Los humanistas veían la dialéctica como la lógica tópica que fundamentaba el saber científico, sobre todo mediante la discusión, para llegar a la invención o descubrimiento de las ciencias y como el método de las mismas.[3]

No obstante, desde los comentaristas la dialéctica había pasado a designar ya toda la lógica, ya la parte que no era la de la lógica formal, sino de la lógica material, es decir, no la de las fórmulas o esquemas, sino la de los contenidos, especialmente los predicables, los predicamentos y la demostración científica. Los escolásticos del Renacimiento se apartaron de la línea

---

[1] John David Evans, *Aristotle's Concept of Dialectic*, Cambridge, Cambridge University Press, 1979, pp. 7-52.

[2] Niels Jørgen Green-Pedersen, *The Tradition of the Topics in the Middle Ages. The Commentaries on Aristotle's and Boethius' "Topics"*, Munich, Philosophia Verlag, 1984, pp. 335 ss.; puede verse mi reseña de esta obra en *Noûs* (University of Indiana, Bloomington), 21 (1987), pp. 282-283.

[3] Cesare Vasoli, *La dialettica e la retorica del umanesimo. "Invenzione" e "Metodo" nella cultura del xv e xvi secolo*, Milán, Feltrinelli Editore, 1968, pp. 28-77.

medieval de llevar la dialéctica a los tópicos y a las súmulas o compendios de lógica, para irse a los contenidos.

A pesar de que algunos, claramente humanistas como Melchor Cano, escribieron sobre los lugares o tópicos teológicos, la mayoría se pasó a los contenidos. A esa nueva corriente la llamaron lógica magna o lógica mayor y después, lógica material, a diferencia de la lógica parva o lógica menor, que era la lógica formal.

En sus tratados de dialéctica abordaron lo relativo a la *Isagoge* de Porfirio, puesta de relieve por Boecio, y a los libros de Aristóteles sobre las *Categorías* y los *Analíticos posteriores*. Eran los contenidos de la inferencia lógica, los universales —predicables y predicamentos—, y los contenidos de la inferencia científica o resolución o análisis. En ese sentido, se hablaba de una resolución dialéctica en los nuevos tratados.

Tal fue la razón por la que Alonso llama a su obra *Resolutio Dialectica*, y Mercado, *Logica Magna*, pues es la lógica material o mayor, que supone la lógica formal o menor, y va más allá de las fórmulas o esquemas de esta última para dirigirse hacia los contenidos más intrínsecos que los llenan. Dichos contenidos son los universales y los principios o elementos de las ciencias; de ahí que trate de los predicables, los predicamentos y los elementos del aparato científico.

4.3 Alonso de la Vera Cruz

En el caso de fray Alonso se plantea como primera cuestión de su obra si la dialéctica misma es ciencia, por lo que parte de la definición de ciencia: "el hábito de la conclusión, producido por el intelecto mediante un discurso silogístico".[4] Entendemos por discurso la derivación de un consecuente que parte de un antecedente, mientras que el hábito es una cualidad que dispone a una facultad para hacer algo. Aclara además, se trata de un hábito

---

4   Alonso de la Vera Cruz, *Resolutio Dialectica*, Salamanca, Ioannes Baptista a Terranova, 1569, p. 7.

complejo, pues abarca varios agregados y compactados, y reúne múltiples conclusiones en torno a un sujeto, por ello, se trata de una sola ciencia.

La primera conclusión de fray Alonso es que la dialéctica propiamente es ciencia.[5] En efecto, la dialéctica es, como verdadera ciencia, la obtención de varias conclusiones mediante silogismos demostrativos, ordenados alrededor de un sujeto o tema, y como toda ciencia, define su objeto y demuestra las propiedades –*pasiones*– de éste.

La segunda conclusión establece que "la dialéctica no sólo es ciencia, sino una ciencia especial";[6] o en otras palabras, se considera así porque tiene un objeto único: el silogismo, o el ente de la razón y la argumentación que se hacen una sola cosa por agregación. Es decir, estamos frente a una ciencia especial porque su objeto es de especie única.

A pesar de que la dialéctica parece una ciencia común, porque aporta instrumentos a las otras –como la definición, la división y la argumentación–, lo hace como utensilio –*utens*– y no como ciencia –*docens*–. De esa forma, como *docens*, es una ciencia especial, pues con sus principios prueba sus conclusiones; mientras que como *utens*, da método, que significa en griego vía recta y breve. En tanto *utens*, el lógico es un artífice general y sin el modo de saber que enseña, las demás ciencias no podrían adquirirlo. Aunado a ello, también se le considera arte porque es una colección de muchos principios o reglas dirigidos hacia un fin, que es la ciencia.

La tercera conclusión establece que el sujeto de la dialéctica es el ente de razón,[7] aspecto que la distingue de otras ciencias reales y sermocinales o lingüísticas. En ese sentido, es el arte que se obtiene por la operación del intelecto. Todo lo que la dialéctica considera, entonces, es ente de razón, y por ese motivo puede abarcar no sólo la argumentación o el silogismo, sino también la definición y la división, en tanto que son entes de razón.

Cabe resaltar que una ciencia puede llevar a cabo un triple acto respecto a su sujeto. El primero es la simple cognición, donde el sujeto se llama

---

5   *Ídem.*

6   *Ibidem*, p.7b.

7   *Ibidem*, p. 8a.

materia o primer presupuesto. El segundo es la definición del sujeto que pasa a llamarse objeto, pues el sujeto de una ciencia se considera como el objeto de una potencia o facultad; así es como se da atribución a todas las cosas que son conocidas por la facultad. El tercer acto es la demostración, donde el sujeto de una ciencia se llama propiamente sujeto, porque es el sujeto de una proposición en la que se le predica alguna de sus propiedades.

De estos planteamientos se objeta, en primer lugar, que todo sujeto es algo real, sin embargo, cuando la ciencia es un ente real, puede tener un objeto de razón. Así pareciera que la dialéctica no es ciencia porque, además de ser probativa, puede ser sofística o ciencia aparente; no obstante, esto sólo significa que no es ciencia como la metafísica, pero no que deja de serlo. Bajo esta perspectiva, en comparación con las ciencias reales, la dialéctica sería sólo un modo de conocer, pero únicamente si se toma como *utens* y no como *docens*, pues como *docens*, tiene sus propios principios que la vuelven ciencia.

Fray Alonso cita a San Alberto Magno, el cual, siguiendo a Avicena y a Algacel, decía que la argumentación es el sujeto de la lógica, porque es a lo que se ordena todo lo que se estudia en ella. Sin embargo, por otro lado, Escoto piensa que su sujeto es el silogismo, pues para él, este aspecto es lo más importante; sin embargo, todo ello se reduce al ente de razón.

La cuarta conclusión es la que le dará pauta para iniciar su dialéctica. En ella, establece que el sujeto del libro de los predicables es el universal,[8] es decir, es lo más importante para los predicables y el resultado de las operaciones del intelecto. De ese modo, el universal se define como aquello que contiene lo que se predica de muchos, unívoca y divisivamente.[9] Por eso el universal se llama también predicable, en tanto que predica la esencia o naturaleza que comparten por igual muchos individuos.

Se llama universal, en cuanto a las cosas que contiene, y predicable, en cuanto se predica de ellas con verdad. Por su lado, el intelecto produce el universal mediante una operación abstractiva donde se forma un concepto

---

8   *Ibidem*, p. 5b.

9   *Ibidem*, p. 9a.

o noción común a los individuos, misma que hace que se distingan de entre ellos mismos, como se separa la especie humana de los propios individuos.

En consecuencia, la dialéctica, en tanto ciencia del ente de razón, considera de manera prioritaria los universales, fabricados por la razón de manera inmaterial, porque el intelecto también es inmaterial. De acuerdo con lo anterior, el libro de Porfirio trata sobre los universales, pues estudia los cinco predicables –género, especie, diferencia específica, propio y accidente–. El predicable sigue al universal como la pasión propia de un sujeto, pues el universal es predicable por contener a muchos.

4.4 Tomás de Mercado

La cuestión proemial en la dialéctica tanto de fray Alonso como de Mercado es si el ente de razón es el objeto de esta disciplina. Por este motivo, el segundo señala que para muchos, la dialéctica versa sobre entes reales, como los predicamentos, los modos de saber, etcétera;[10] sin embargo, menciona que el ente de razón no es verdadero –como el ente real–, y por tanto, no puede conocerse. Entonces, rescata que para Aristóteles, Santo Tomás y Averroes, el metafísico y el lógico estudian todos los entes, el primero, los reales, el segundo, los de razón.

Siguiendo este hilo de ideas, hay que separar la metafísica de la lógica, y así eximirnos de invadir asuntos que no nos correspondan. En ese sentido, Mercado selecciona cuatro puntos a investigar: qué es la dialéctica, cuál es su objeto, cuál su oficio y cuál su finalidad. Cuestiones como su utilidad, serán adyacentes a estos puntos.

La primera conclusión a la que llega es que, en efecto, es ciencia,[11] pues ésta demuestra las propiedades de su objeto, tarea que hace la dialéctica; además, la ciencia se demuestra por las causas, que es lo que hace la dialéctica con los conceptos, los juicios y los raciocinios. A través de sus

---

[10] Tomás de Mercado, *In logicam magnam Aristotelis commentarii*, Hispali, Ex oficina Fernandi Diaz, 1571, fol. 1.

[11] *Ibidem*, fol. 1va.

causas, la dialéctica indica los modos de saber y como enseña a demostrar, es gracias a ella que puede haber ciencia. Como dice Santo Tomás,[12] la dialéctica considera las intenciones y enseña cómo se pueden usar en las otras ciencias. Además, otro argumento para considerarla como tal, es que los mismos autores le otorgan esa categoría.

Mercado añade que entre los modernos, específicamente los nominalistas, se discute cuál es el objeto de la dialéctica.[13] Así pues, aclara que se toman por lo mismo objeto, materia y sujeto, aunque tienen diversa razón, asunto que también encontramos en fray Alonso. El objeto es a lo que tiende la ciencia como hábito, lo define, lo divide y demuestra sus propiedades; de ahí que al objeto se le nombre materia de la ciencia, pues se llama materia de un discurso aquello de lo que trata, y dado que sus propiedades se le atribuyen o predican, también se le llama sujeto.

Los nominalistas creen que su objeto son vocablos como "argumentación", "modo de saber" o las proposiciones tomadas materialmente –esto es, como lenguaje objeto de la lógica como su metalenguaje–, sin embargo, para nuestro autor esto no es verosímil.[14] Bajo su perspectiva, la dialéctica no trata de esos nombres, sino de las cosas que ellos significan, asimismo, demuestra las propiedades, pero esos nombres no las tienen. Como arte de las artes y ciencia de las ciencias, enseña el método de adquirirlas, pero como no requiere de nombres, tampoco necesita demostración.

Cabe destacar aquí la modernidad de los nominalistas que veían la lógica como un metalenguaje que tenía como lenguaje objeto el de los términos dialécticos. Pero Mercado, con su bagaje tomista, es decir, no nominalista, sino realista moderado, rechaza esa opinión.

Por otra parte, el objeto de la dialéctica puede ser material, lo que se estudia en sí, o formal, la razón bajo la cual se trata. En relación con esto, la segunda conclusión de Mercado es: "El objeto de la dialéctica es el modo de

---

12   Santo Tomás, *In IV Metaphysicorum* (ed. M. R. Cathala), lect. 4, Torino, Marietti, 4a ed., 1926, núm. 574.

13   Tomás de Mercado, *In logicam...*, ed. cit., fol. 1vb.

14   *Ibidem*, fol. 2ra.

saber, esto es, la definición, la división y la argumentación".[15] De esa forma, la dialéctica da los medios a las demás ciencias, es decir, es el modo de todas ellas, como Aristóteles la llama.

San Alberto piensa que su objeto es la argumentación, sin embargo, habría que matizar esta idea, pues lo que principalmente hace la dialéctica es saber y, en ese sentido, debería decirse que su objeto es la demostración. Pero habría que distinguir también entre dos objetos, el adecuado y el principal, entendido el primero como el que contiene todo lo de la ciencia, mientras que el segundo tiene lo mejor de ella. De esta manera, el objeto adecuado de la dialéctica sería el modo de saber, mientras que el principal es la argumentación, y así, se le puede dar la razón a San Alberto.

No obstante, el modo de saber pertenece a la razón y, a causa de esto, el objeto sigue siendo el ente de razón, de manera que la dialéctica trata del triple modo de saber: la simple aprehensión, la composición y el raciocinio. La primera conoce lo particular, es decir, conozco "a Pedro", la blancura o el sabor. La segunda compone esos conocimientos, como en "Pedro es blanco"; y la tercera es el razonamiento, por el cual demostramos que Pedro tiene esa cualidad. De esta forma, vemos que lo mental se expresa en el lenguaje.[16]

Mercado señala que los intérpretes, en ese tiempo recientes, de Pedro Hispano comienzan con la exposición de los conceptos, pero él prefiere iniciar con el lenguaje, porque es más conocido y fácil para los estudiantes. A partir de ello, establece la tercera conclusión que encontramos en el libro *De Anima*, esto es, respecto a la teoría del conocimiento: "Estas operaciones del intelecto no son objeto de la lógica".[17]

Observamos que ya se empezaba a dar un sesgo epistemologista en la lógica, porque estudiaban las operaciones de la mente en cuanto operaciones y no en sus resultados o formas. En ese sentido, Mercado evita el psicologismo y se queda en un logicismo que aplaudirían los lógicos actuales.

---

[15]   *Ibidem*, fol. 2rb.

[16]   *Ibidem*, fol. 2va.

[17]   *Ibidem*, fol. 2vb.

Añade que, como dice Avicena, la lógica versa sobre las segundas intenciones, adjuntas a las primeras, pero que las acciones no son intenciones. El planteamiento de Mercado se parece a la lucha que entabló Husserl, a la par de Frege, contra los sostenedores del psicologismo en la lógica, quienes introducían en esta última lo que es propio de la epistemología. De ese modo, la materia de una ciencia es doble: de la cual y acerca de la cual –*ex qua et circa quam*– así, las operaciones no son la materia "acerca de la cual" de nuestra ciencia, sino en la cual se encuentra la forma dialéctica o su objeto.

Hechas las consideraciones anteriores, plantea su cuarta conclusión: "El modo de saber, en cuanto es objeto de la dialéctica, formalmente es un ente de razón y por consiguiente, el objeto de la lógica es el ente de razón".[18] En la definición son el género y la diferencia específica, en la argumentación, la disposición silogística de los términos y las proposiciones, que son relaciones de razón. De ello, se desprende que el ente de razón, en forma de relación de razón, sea el objeto propio de nuestra ciencia.

Mercado señala que dichos elementos de la lógica son de gran utilidad e, incluso, una necesidad para el filósofo.[19] Además, indica que las ciencias son reales o racionales: las primeras consideran substancias, como la física y la metafísica, además de accidentes, como la matemática o hábitos y virtudes, como la moral; por otro lado, las racionales versan sobre entes de razón y se dividen en gramática, poética, retórica y dialéctica. Ahora bien, los entes de razón pueden considerarse en abstracto, como la especiedad, la universalidad y la ceguera; o en concreto, como el silogismo, la proposición y el género. Así pues, los entes de razón son objeto de la dialéctica en el modo concreto, no en el abstracto, dado que este pertenece a la metafísica.

A su vez, el ente de razón es doble: una parte que se sigue naturalmente de las cosas cuando se las entiende, y otra que se sigue de las cosas por una voluntad que lo instituye. El primero es estudiado por la dialéctica, el segundo por la gramática, la retórica y la poética. El ente de razón lógico

---

18   *Ibidem*, fol. 3ra.

19   *Ibidem*, fol. 3rb.

incluye los modos de saber,[20] y la dialéctica es una y la misma para todos, mientras que los idiomas son distintos, con diversidad gramatical, retórica y poética.

En cuanto al estatuto ontológico, la acción de argumentar es un ente real, pero el argumento es un ente de razón. Así, la dialéctica tiene su objeto en las intenciones fundadas en las operaciones del intelecto.

La función de la dialéctica, según algunos, es disputar con probabilidad, como lo señala Aristóteles,[21] y por esa razón, la dialéctica es dividida por Santo Tomás en *docens* y *utens*,[22] es decir, como docente y como utensilio. La dialéctica construye la filosofía, por un lado como *docens*, en cuanto enseña la definición y la división de su objeto, por ejemplo, el silogismo; y por otro como *utens*, en tanto nos brinda instrumentos del conocer. La dialéctica es, en lo especulativo, análoga a lo que la prudencia es en lo práctico,[23] pues proporciona el modo —moderación—, y los medios para alcanzar los fines que se proponen las ciencias.

La dialéctica dirige la mente en las cosas más graves e importantes, como dice Santo Tomás en el prólogo a su comentario a los *Analíticos Posteriores* de Aristóteles.[24] Aporta leyes y reglas, de modo que se convierte en la forma de todas las ciencias, pues éstas le dan la materia de la que informa, dispone y actúa.[25] También sirve para enseñar a todas las ciencias a disputar con probabilidad, y en este aspecto se recupera su sentido aristotélico como arte o disciplina de la discusión.

Gracias a las nociones comunes, como los géneros, las diferencias y las especies, puede ayudar a la argumentación probable pues, mientras más se dista de lo propio, tanto se aleja uno de la evidencia. Dado que los principios de las ciencias no pueden demostrarse, el dialéctico los persuade

---

20   *Ibidem*, fol. 3va.

21   *Ibidem*, fol. 3vb.

22   Santo Tomás, *In iv Metaphysicorum*, lect. 4, ed. cit., núm. 576.

23   Tomás de Mercado, *In logicam...*, ed. cit., fol. 4ra.

24   Santo Tomás, "Prooemium", en *In libros Posteriorum Analyticorum exposition* (ed. Ramundi Spiazzi), Taurini, Marietti, 1955, núm. 6.

25   Tomás de Mercado, *In logicam...*, ed. cit., fol. 4rb.

de manera probable. Sin embargo, su argumentación no se confunde con la de la retórica, pues ésta es más amplia tal como decía Diógenes Laercio. La retórica versa sobre hipótesis y trata particulares –requiere de las circunstancias–, y busca la opinión; mientras que la dialéctica trabaja sobre tesis –según sostenía Boecio–,[26] trata cosas universales –no necesita de las circunstancias–, versa sobre las cosas lógicas de modo probable y tiene como fin la ciencia.

A su vez, la dialéctica "trata de las naturalezas de las cosas en cuanto subyacen a las segundas intenciones";[27] ejemplo de ello, es su forma de ver la especie humana, no en tanto a animal racional, sino como predicable de muchos individuos. No obstante, el ente de razón en concreto puede ser medio para ver el ente real, esto porque la verdad es doble, y una de sus partes es la de la composición de la proposición y otra es la que es convertible con el ente. Y esta última parte se adquiere por la otra, la cual, a su vez, se obtiene por los modos de saber, que son sus medios, y pertenecen al ente de razón.[28]

4.5 Antonio Rubio

El jesuita Antonio Rubio (1548-1615) fue un español que enseñó en México, donde también elaboró un curso de filosofía a principios del siglo XVII que llevó el título de *Logica mexicana*.[29] El trabajo casi alcanzó a terminarse y en él, aparecen los temas que solían tratarse en la época: la lógica menor y mayor, así como la física y psicología; se sabe que también deseaba incorporar un tratado de metafísica, pero murió antes de que pudiera llevarlo a cabo.[30]

---

26   *Ibidem*, fol. 4va.

27   *Ibidem*, fol. 4vb.

28   *Ibidem*, fol. 5ra.

29   Ignacio Osorio Romero, *Antonio Rubio en la filosofía novohispana*, México, UNAM, 1988, pp. 9-33.

30   Antonio Rubio, *Commentarii in universam Aristotelis Dialecticam Magnam, et Parvam, cum Dubiis, et quaestionibus hac tempestate circa utrumque agitari solitis*, Compluti, Ex Officina apud Viduam Ioannis Gratiani, 4ª ed., 1613.

Rubio tenía una gran capacitación en este campo, ya que la lógica virreinal se codeaba con cualquiera de Europa en tiempos en que esta metrópoli todavía era pujante. Muestra de ello es la abundante bibliografía de la filosofía colonial y, por el ejemplo de gran competencia lógica que nos dan tres de los principales pensadores de ese tiempo, a saber, Alonso de la Vera Cruz, Antonio Rubio y Juan Espinosa Medrano, a lo largo de los siglos XVI y XVII y parte del XVIII, esto no fue exclusivo del virreinato de la Nueva España, sino que también pasaba en el del Perú.

Rubio poseía un conocimiento muy notable de la lógica, inclusive, podemos aclarar que su saber abarcaba numerosos aspectos de la época y encontraba la manera de plantearlos desde el lenguaje de la lógica actual, por lo que se gana el reconocimiento de Walter Redmond, uno de los mejores conocedores de la lógica novohispana.[31]

El autor se coloca como un eminente lógico moderno y con instrumentos que podemos considerar actuales, estudió y analizó las obras de los propios autores del virreinato. Lo mismo han dicho los historiadores de la lógica que han usado las herramientas de la lógica reciente, tales como Bochenski, Prior, los Kneale, Dumitriu, Muñoz Delgado, entre otros; ellos señalan que la lógica de los novohispanos estaba a la altura de la de hoy, e incluso, su estudio deja la sensación de estar dialogando con colegas actuales.

La *Lógica* de Rubio comienza tratando la cuestión de si ésta es necesaria; la respuesta es directa: no sólo es necesaria, sino que sin ella no se pueden alcanzar las demás ciencias.[32] Dicho lo anterior, pasa a inquirir si la lógica misma es una ciencia; su resolución también es a favor: es una ciencia, pues reúne todas las condiciones que pone Aristóteles para que lo sea, como tener universalidad, necesidad y un objeto preciso, además de hacer la demostración de sus conclusiones.[33]

A estas disquisiciones, Rubio añade que tiene un aspecto teórico y otro práctico, llamados *logica docens* y *logica utens* que constituyen la

---

[31]   Walter Redmond, "Antonio Rubio", en Walter Redmond y Mauricio Beuchot, *La lógica*..., ed. cit., pp. 253 ss.

[32]   Antonio Rubio, *op. cit.*, p.3a.

[33]   *Ibidem*, pp. 4b-5a.

misma disciplina, pero la primera como doctrina y la otra como aplicación en forma de método.[34]

Quiero destacar mi interés por esta primera parte de la lógica de Rubio, principalmente, porque incluye el tratamiento acerca del objeto de la lógica.[35] En la actualidad decimos que la lógica, entendida sobre todo como lógica formal, tiene por objeto las formas, esquemas o estructuras de los argumentos, lo que Wittgenstein llamaba la "forma lógica", tanto de los enunciados como de los razonamientos. De este modo, es notable que los lógicos novohispanos, al igual que los escolásticos medievales y renacentistas, tuvieran una visión que se aproxima bastante a la nuestra.

Los escolásticos decían que el objeto formal de la lógica es el ente de razón,[36] es decir, el ser pensado que tenemos en nuestra mente y sobre el cual trabajamos en nuestras operaciones como la simple aprehensión de los conceptos, los juicios y los raciocinios. Sin embargo, esta línea de pensamiento estudiaba el estatuto ontológico de los entes de razón propios de la lógica.

Estos entes son las segundas intenciones de la mente, y si se habla de segundas, implica que existen también las primeras. Así pues, la intención inicial se refiere a los entes reales, como la que vemos en los conceptos "Sócrates, hombre y mortal", que conectamos en el juicio como sujeto y predicado, "Sócrates es hombre", y en el silogismo, "Todo hombre es mortal, Sócrates es hombre, luego Sócrates es mortal". Pero precisamente sujeto y predicado, al igual que antecedente y consecuente, o premisa y conclusión, son segundas intenciones, pues se refieren a la función que ejercen las primeras, tanto en el orden de los conceptos como en el del enunciado y en el silogismo.[37]

Esto es lo que en la lógica reciente se han llamado las constantes que van junto a las variables. Las primeras indican los contenidos que se

---

[34] *Ibidem*, p. 7a.

[35] *Ibidem*, p. 25b.

[36] *Ibidem*, p. 26b.

[37] *Ibidem*, p. 27ab.

les pueden dar a las fórmulas, y las segundas designan las relaciones entre ellos, ya sea de afirmación, negación, conjunción, disyunción, condicional, bicondicional, antecedente, consecuente, cuantificación, etcétera, y son las que corresponden a las relaciones de razón de segunda intención. Los lógicos recientes señalan que su disciplina trata de las constantes, que son las que dan la estructura o forma a la lógica; de ese modo, se puede ver que la doctrina escolástica, como la de Rubio, guarda gran semejanza con la de la actualidad.

Para mayor claridad en la distinción entre conceptos de primera intención y de segunda, podemos decir que correspondían a lo que la escolástica posterior denominó conceptos directos y conceptos reflejos. Los primeros se refieren a las cosas reales y los reflejos, como su nombre lo indica, hacen una *reflectio* o reflexión sobre los anteriores. Se trata, por así decirlo, de conceptos de primer y segundo orden, y sobre estos últimos versa la lógica.

Un aspecto muy notable es que Rubio contó al ente de razón como una nueva categoría o predicamento, es decir, como un tipo de ser que añadió a la tabla de Aristóteles. Así, a las diez categorías que había establecido el Estagirita –substancia, cantidad, cualidad, relación, acción, pasión, tiempo, lugar, situación y hábito–, Rubio agregó, precisamente, la del ente de razón. Le pareció que tenía que hacerse un lugar ontológico a ese tipo de ser tan especial y a la vez, tan importante y necesario, como lo mostraba al ser el objeto de estudio de la lógica.

También decían los escolásticos que el argumento era el objeto de principalidad en la lógica; es decir, el fin al que todo en la lógica se dirige que es hacer buenos argumentos. Esto se consideraba a tal punto, que San Alberto Magno ponía a la argumentación como objeto de la lógica, pero otros posteriores prefirieron verlo como objeto principal, y al ente de razón como objeto especificativo. Considero más acertado este último planteamiento, debido a la división en tres modos del ente de la razón: la simple aprehensión del concepto, la enunciación del juicio, las cuales a su vez ordenan al tercero, que es el raciocinio o argumentación.

Incluso, podemos decir que el juicio es el gozne de la lógica, ya que los conceptos se ordenan a los juicios y éstos se despliegan en razonamientos.

En otras palabras, hay dos tipos de juicios, los inmediatos y mediatos, los primeros son los normales que conocemos como juicios directos, pues conectan directamente el sujeto con el predicado, mientras que los segundos son los que lo hacen a través de un medio, es decir, un término silogístico, de modo que, partiendo de las premisas, se llegue en la conclusión a conectar el sujeto con el predicado.

Para evitar el psicologismo, Rubio distingue la lógica, que trata de los conceptos objetivos, de la psicología, que aborda los conceptos formales. Dichos conceptos formales eran los medios por los cuales se realizaba el conocimiento, vehículos que Husserl llamaría "noema", mientras que los objetivos eran el contenido ideativo de los mismos. Dicho lo anterior, entendemos que la lógica no versa sobre los actos de conocimiento ni sobre sus recipientes, sino acerca de sus contenidos que se estructuran formando esquemas. En otras palabras, para Rubio la lógica no trata de las operaciones del intelecto −eso lo hace la psicología−, sino de sus objetos o contenidos.[38]

El autor captó con claridad todo lo que se contiene en el ente de razón, que es el objeto propio de la lógica. Esos planteamientos serían de gran provecho en nuestra lógica actual, pues resolverían muchos problemas de lo que ahora llamamos "filosofía de la lógica", entre los que están, precisamente, el de su objeto, al igual que el de los universales, temas que se encontraban ya desde Rubio y que ahora son tratados, por ejemplo, en Willard Van Orman Quine y en Susan Haack.[39]

Es preciso releer y volver a esa sabiduría lógica de los novohispanos; hacerlo no es una mera actividad de desempolvar textos de otros tiempos, sino que muestra su competencia en el campo y por tanto, su actualidad. Quizás deba agregar que, por pertenecer a una filosofía bien cimentada, estos autores son de todo tiempo, casi intemporales, como el saber filosófico mismo.

---

[38] *Ibidem*, p. 26a.

[39] Willard Van Orman Quine, *Philosophy of Logic*, Englewood Cliffs, Nueva Jersey, Prentice-Hall, 1970, pp. 61 ss.; Susan Haack, *Filosofía de las lógicas*, Madrid, Cátedra, 1982, pp. 23 ss.

4.6 Reflexión

Hemos visto que los tres autores estudiados siguen la línea aristotélica y tomista. Además, proporcionan el sujeto u objeto de la dialéctica, esto es, de la lógica, que es el ente de razón. Y dentro de dicho objeto se encuentran los tres modos de saber, que son la definición, la división y la argumentación. San Alberto ponía la argumentación o consecuencia como el objeto, pero es más bien el sujeto-objeto de principalidad lo más sobresaliente de la lógica, pues es lo que conduce a la ciencia.

La definición corresponde a la primera operación de la mente, que es la simple aprehensión o conocimiento de los incomplejos; es decir, son los conceptos que se expresan en los términos. A su vez, la división, que se completa con la composición, no sólo es la clasificación, ya que ésta va junto a la definición, sino que también se refiere a la composición –afirmación– y a la división –negación– que se hace en el juicio; es, además, la segunda operación del intelecto y se expresa en la proposición o enunciación. Por su lado, la tercera operación es el raciocinio, expresado en la argumentación y elemento principal para el silogismo. Por ello, los tomistas, tras definir la lógica, y como si consideraran su objeto el ente de razón dividido en los tres modos de saber –definición, división y argumentación–, separaban a su vez el raciocinio en las tres operaciones de la mente, de modo que había una parte del concepto, otra del juicio y otra del raciocinio.

Por otro lado, los nominalistas decían que la lógica versaba sobre las palabras que en ella se usaban, como "género", "universal", "proposición" y "silogismo". Con ello, hacían de la lógica un metalenguaje que tenía como lenguaje objeto las palabras que designaban los elementos del discurso. Esta consideración es de gran modernidad, pues así la han visto algunos de los filósofos analíticos recientes, aunque, como he remarcado, nuestros maestros novohispanos pugnaban por que dicho objeto fuera el ente de razón.

Este panorama habla del vigoroso tomismo que profesaban esos maestros que enseñaron en la Nueva España, quienes además, eran tan competentes como los peninsulares. Alonso de la Vera Cruz ya era profesor en Salamanca antes de venir a México, Tomás de Mercado, después de enseñar en nuestra patria, fue profesor en la Universidad de Sevilla, y Antonio Rubio escribió un curso de filosofía que contó con numerosas ediciones en varias naciones.

Estamos frente a autores que bien podían debatir con cualquiera de la metrópoli, y prueban su alta competencia y su gran conocimiento de la filosofía de la época. Además, forman parte de la historia del pensamiento mexicano, pues dejaron su legado a través de la enseñanza en las universidades de estas tierras.

Al enseñar lógica, y hacerlo de manera tan competente, se convirtieron en maestros del pensamiento de nuestra gente, la que con ellos aprendió el arte y ciencia del razonamiento. Lo que enseñaron fue a pensar de una manera ordenada y ajustada a las reglas del raciocinio.

Cuando se señalan sus aportes en temas de lógica y dialéctica, podrían parecer someros, sin embargo, hay que remarcar la sabiduría que se encuentran en ellos. Fray Alonso lo hace de manera breve pero clara y ceñida; Mercado tiene todo un discurso del método a la altura de Descartes, anterior a él, y Rubio fue usado por el mismo padre de la Modernidad y por Leibniz, como demuestran las investigaciones.[40]

En ese sentido, nuestros tres autores se anticipan a los modernos y en algunas cosas los superan, pues en sus escritos se encuentra una lógica más potente que la de aquéllos, inclinados hacia la matemática y con una lógica considerablemente menor a la de estos escolásticos.

Este planteamiento se encuentra también en los historiadores de la lógica, además, ahora es aceptado que los creadores de la lógica contemporánea hubieran ganado tiempo y dado menos vueltas si hubieran atendido a la lógica escolástica. Tal vez el único que lo hizo fue el destacado Charles Sanders Peirce quien, en pleno tiempo de positivismo, se opuso a él y prefirió ser un erudito en la filosofía escolástica.

---

[40] Descartes leyó a Antonio Rubio, porque con su texto se preparaban los exámenes en el Colegio de la Flèche, de los jesuitas, donde el filósofo francés estudió; y Leibniz cita a Rubio en su disertación *De principio individui*, esto es, sobre el principio de individuación.

Debemos otorgar a estos tres autores la excelencia en sus tratados de lógica y reconocer su buen empleo del instrumento que su misma disciplina les suministraba, a saber, el concepto de la analogía. Esta idea les permitió apreciar que el ser puede llamarse de muchas maneras, de modo que a uno lo identificaron como el ser real y a otro, el ser de razón o mental; además de que pudieron atribuir el ser real como objeto a la metafísica, y el de razón o mental a la lógica.

Necesitamos recuperar y comprender estos planteamientos para nuestra filosofía actual, pues su rama de la lógica se vería beneficiada de atender la analogía. Cabe decir que la lógica con su objeto de estudio nos permite meditar acerca de la naturaleza de la filosofía de la cual forma parte.

Los tres autores dedican sesudos tratados sobre el concepto de la analogía en sus obras de lógica. Esto les permitió practicar la proporción y el equilibrio en sus reflexiones filosóficas. Además, no sólo les dio la sensibilidad para captar y respetar las diferencias sino, de igual manera, tratar de preservar las semejanzas, a pesar de las diversidades que se dan en las cosas de la realidad.

Tanto en la parte teórica como en la práctica, es decir, en la ética y la política, supieron aplicar el equilibrio proporcional entre la diferencia y la semejanza. Alonso de la Vera Cruz supo hacerlo al comprender las diferencias de la cultura indígena con respecto a la española, entendiendo elementos que causaban escándalo a la mayoría. Ejemplo de ello es su punto de vista comprensivo sobre los sacrificios humanos, los cuales consideraba algo de la religión de esos pueblos que ofrecían la vida a los dioses como lo más excelso que se les podía consagrar.

Tomás de Mercado aplica el concepto de analogía a la moral económica, buscando siempre el bien común, por encima del individual; mientras que Rubio la aborda en un tratamiento erudito y competente a partir del texto de Aristóteles. Por consiguiente, podemos decir que nuestros tres autores supieron darle un uso adecuado al concepto de analogía, tan importante en el pensamiento filosófico.

4.7 Conclusión

Los filósofos que acabamos de considerar tienen una competencia destacable y fueron motivo de orgullo tanto de la Universidad como de los colegios que se fundaban en nuestras tierras. La filosofía novohispana no es, como a veces se ha querido señalar, un pensamiento que sólo sirvió para justificar la injusticia de la conquista, sino que, ya asentada la Colonia, se empleó para mejorar la situación de los más desvalidos y fue desarrollada con pasión por profesores y teóricos como los que hemos visto.

En consecuencia, la filosofía del tiempo colonial mexicano era profunda y sólida, y estaba a la altura de la cultivada en la metrópoli, asunto que se acentúa si se considera que las universidades de España eran de las mejores de Europa. Decir que estaba a ese mismo nivel, habla de la excelente formación que recibieron los novohispanos en el comienzo de la filosofía mexicana que fue adoptada de Europa, pero adaptada a la situación local.

CAPÍTULO 5

Dos personajes barrocos novohispanos: fray Francisco Naranjo y sor Juana Inés de la Cruz

5.1 Introducción

En este apartado abordaré a dos pensadores novohispanos por quienes tengo una especial simpatía: fray Francisco Naranjo, filósofo y teólogo dominico del siglo XVII, y sor Juana Inés de la Cruz, monja jerónima y gran poetisa mexicana.

La autora es de sobra conocida, popularidad avalada por su excelencia en el uso de la lengua castellana; en contraparte, Naranjo es casi ignorado, pero vale la pena conocerlo y darlo a conocer, en primer lugar, porque es un pensador notable de la época, en segundo, se trata de una deuda pendiente con nosotros mismos, con nuestro pensamiento y nuestra historia.

Mi propósito es tratarlos a los dos por igual, aunque abro con el fraile, pues fue anterior en el tiempo que ella, y prosigo con la monja, posterior, pero en modo alguno a la zaga de él. En estos autores encontramos dos testimonios de la riqueza conceptual en nuestra patria en esa época, y es preciso conocer la historia cultural de la que forman parte para poder avanzar en hombros de ella.

5.2 Un fraile dominico de una memoria sin igual

En el convento de Santo Domingo de México en el siglo XVII, vivió un fraile criollo de nombre fray Francisco Naranjo, singular por su memoria prodigiosa, semejante a la de Funes el Memorioso, del que hablaba Borges en uno de sus cuentos.

Nuestro fray Francisco Naranjo decía con toda sinceridad que no olvidaba nada desde que tenía tres años de edad. Se dedicó a emplear su memoria en el estudio de la filosofía y la teología, de modo que llegó a acumular un inmenso conocimiento pues, tan sólo le bastaba una lectura de un texto para guardarlo en su extraordinaria memoria.

En esa línea, se reportan dos demostraciones públicas que hizo en la Real Universidad de México para concursar por una de sus cátedras; una de ellas, ante el mismo virrey, por lo que no es de creer que hubiera en ello trampa. Los reportes de estas demostraciones fueron editados por George Robert Graham Conway, quien compró el documento al librero inglés Maggs, en Londres, en 1922, y muestran la prodigiosidad de nuestro fraile, tan grande como su humildad.[1]

En la primera de ellas, en 1631, se presentó para hacer oposición a la cátedra de prima de teología. Aunque no se conservan las actas de ella, su demostración de memoria se conoce por una carta de fray Luis de la Visitación a fray Luis de Santiago, ambos carmelitas. Se cuenta que fray Naranjo completaba al pie de la letra el artículo que le comenzaran a leer; en la carta se dice:

> Y oyendo vna monstruosidad como ésta, para prueua de ella, le fueron abriendo y preguntando los artículos que iuan saliendo, y él los iva repitiendo más apriessa de memoria que el otro los iua leyendo por el libro. Gastóse en esto casi otra hora; y viendo esta monstruosidad, cessó el acto, con admiración de todos, diziendo *nunquam sic loquutus fuit homo*, que

---

[1] George Graham Conway, *Friar Francisco Naranjo and the Old University of Mexico*, México, Gante Press, 1939, pp. 21 ss.

desde Adán acá no se ha visto tal monstruosidad; y añadió el pretensor a la cátedra que no sólo sabía los artículos de santo Tomás de memoria, sino también todas sus palabras, desta manera, que le dixessen una, *verbi gratia, Incarnatio*, que diría en cuántas partes trataua della santo Tomás, que es vna cosa nunca vista ni oída.[2]

Como podemos ver, se pidió que de cualquier tomo de la obra de Santo Tomás de Aquino se le leyera el comienzo de un párrafo para que él continuara diciendo de memoria lo demás del capítulo o del artículo. Así lo hizo y a todos dejó estupefactos cuando vieron que lo lograba con una gran soltura y facilidad. Más sorprendidos quedaron cuando les dijo que podía hacer lo mismo con cualquier tomo de la obra de San Agustín, pues sabemos que la obra de cada uno de esos santos es considerablemente numerosa.

A pesar de esta demostración, no se le dio la cátedra, por lo que se presentó para una segunda en 1635. Esta prueba fue todavía más extraordinaria y también ante muchos testigos, aunque ahora era para ganar la cátedra de vísperas de teología y fueron sus superiores quienes le ordenaron que hiciera la exhibición.

Al igual que la primera, existen actas de esa demostración que el mismo Conway encontró en el Museo Británico. En esta ocasión, nuestro fraile pidió que le dieran cuatro dificultades de los *Libros de las Sentencias*, de Pedro Lombardo, y dijo que no sólo hablaría de ellas, sino que se las dictaría a cuatro escribientes. El relato cuenta que se puso a orar en la cátedra:

Y, acabada la oración [dice el documento],[3] puesto en pie comenzó a leer primero en voz, ordenando de tal manera las quatro questiones, que a modo de vna tela, las fue todas quatro entretegiendo por el orden que se las avían dado, diziendo de la primera vn argumento, authoridad o

---

2   Francisco Naranjo, *apud.*, George Graham Conway, *op. cit.*, pp. 1-3.

3   La relación de esta segunda demostración se conservaba manuscrita y fue editada por fray Bartolomé Navarro en un "papel" o folleto, impreso en México, por los Herederos de la Viuda de Francisco Rodríguez Lupercio, en 1706. Se encuentra en la edición de Conway ya citada, junto con la relación de la primera oposición. El impreso de la segunda oposición el editado por Navarro lo encontró Conway en la Biblioteca del Museo Británico.

discurso, y saltando incontinenti a la segunda, assentando otro argumento por ella, y sin interrumpir tiempo, passándose a la tercera, y luego a la quarta, bolviendo segunda vez con velocidad y presteza a la cláusula donde avía dexado de la primera, procediendo con este orden a la segunda, tercera y quarta, que el referir de la suerte que fue no es possible, si no es viéndolo. La claridad, la subtileza, la expedición, la memoria, la actualidad en lugares de la Escriptura, exposiciones de Santos son tan proprias y nativas a las materias que iva tratando, que tuvo absortos a los oyentes por espacio de una hora. La qual passada, clamó el auditorio que procediesse al dictar por escrito, para ver cómo era factible. Y, sentándose, comenzó a dictar a todos los quatro escrivientes en esta forma. Que dictaba vna proposición cathegórica o hypothética al primer escriviente, repitiéndosela dos vezes; y antes que este primero acabasse de escrevirla, dictaba al segundo escriviente de la otra materia; y luego al tercero, y quarto: bolviendo segunda vez al primer escriviente, añadiendo de su propria question otra proposición para que la continuasse con la primera que avía escrito; y assí de los demás, sin que en toda la segunda hora que estuvo dictando a los escrivientes cessasen vn punto, el Maestro Naranjo de dictar y ellos de escrevir.[4]

Cuando terminó, pidió a los escribientes que leyeran lo que les había dictado y cada texto resultó una joya de gran erudición y profundidad en su desarrollo. Parecía como si no hubiera hecho cuatro al mismo tiempo y con esa rapidez ante el público, sino como si hubiera sido uno solo y lo hubiera escrito en la calma y el silencio de su celda de religioso.

En este ejemplo de sus demostraciones, pidió que se dispusieran cuatro amanuenses para que les fuera dictando una frase a cada uno. Su procedimiento fue de la siguiente manera: a cada amanuense le dictaba una frase y, al terminar de hacerlo a los siete, daba otra vuelta para empezar a dictar otra a cada uno y así sucesivamente.

Cuando terminó, pidió que cada escribiente fuera leyendo el texto que había resultado de su dictado. La sorpresa fue grande pues, teniendo a

---

[4] George Graham Conway, *op. cit.*, pp. 22-24.

la vista la *Suma Teológica* de Santo Tomás, resultaba que cada uno de ellos tenía un artículo diferente, completamente elaborado e igual al original. A cada amanuense le había dictado, de manera completamente salteada, un artículo de la *Suma*, pero no de corrido, sino una frase a cada uno, de modo que el resultado final se leyera con toda coherencia.

Cabe señalar que tampoco obtuvo esa cátedra, aunque se le concedió otra que estaba vacante en ese entonces, curiosamente, la de Santo Tomás, concedida por derecho a los dominicos. Resulta llamativo que, a pesar de las demostraciones de su memoria extraordinaria, cuando se presentó a hacer las oposiciones para las cátedras de teología, hayan dictaminado otorgárselas a otros concursantes. Tal resolución, inexplicable para nosotros, quizá se debió a que consideraban que la memoria no era suficiente, tal vez con el argumento de que se trataba sólo de una enseñanza memorística; sin embargo, sabemos que esto no fue así, pues en los documentos se dice que el fraile también demostraba gran inteligencia.

También se tiene conocimiento del carácter un tanto escrupuloso de fray Naranjo, pues en el Archivo Histórico de la Orden Dominica en México hay algunos documentos con su firma que lo demuestran. En uno de ellos de 1604, hace sus votos religiosos; en otro de 1607 pide que se le dé una constancia, por estar inseguro de haber hecho bien los primeros, pues no sabía si en ese tiempo tenía la edad requerida. Y para que su conciencia quedara tranquila, volvió a hacerlo en 1608, como se asienta en otro documento.[5]

En el primer documento, donde hace su profesión para la cual estaba establecido que había que tener 16 años, se nos dice que apenas se acercaba a dicha edad, por lo que habría nacido hacia 1588. Añade que su nombre era Francisco Gutiérrez Naranjo, natural de México,[6] y los otros documentos dicen que se ordenó en 1615 o 1616. En ese último año aparece como lector de artes o profesor de filosofía en el colegio del convento; para 1620, como lector de teología en el convento de Santo Domingo de Puebla, y en

---

[5] *Vid.* Mauricio Buechot, "Introducción", en *El tratado de Francisco Naranjo para la enseñanza de la teología en el siglo XVII*, México, UNAM-CESU, 1994, pp. 9 ss.

[6] *Ibidem*, pp. 9-10.

1624 vuelve al de México, ahora como profesor de teología. Posteriormente, hace los concursos de oposición por las cátedras que ya he mencionado.

Más allá de esto, hay un aspecto que me parece de mayor importancia y me ha vinculado intelectualmente con este extraño fraile del Barroco. Las crónicas señalan que escribió una obra teológica, un comentario a una parte de la *Suma Teológica* de Santo Tomás, pero en castellano. Dicho texto, se encontraba en la biblioteca del noviciado del Convento de Santo Domingo, pero los registros mencionan que alguien lo sustrajo y lo extravió intencionalmente, por considerar que no debía usarse el español para escribir sobre temas tan elevados.

Así pues, se sabía de esta obra de Naranjo, pero se declaraba perdida. En efecto, el bibliógrafo Beristáin dice que:

> [...] hay tradición de que el día en que le llegó la noticia de su presentación al obispado [de Puerto Rico], quemó todos sus MS. escolásticos, diciendo: 'Ya esto no es necesario, bástale a un obispo el Libro del Crucificado'. Sin embargo se conservó algún tiempo en el noviciado de su convento de México un tomo en fol. que había escrito con este título: *Teología en Lengua Castellana*, el cual se recogió después por los que creyeron que no debían estar en lengua vulgar materias tan altas.[7]

Sabemos que los títulos de los libros dados por Beristáin no son nada apegados al original, pues no era muy cuidadoso en reportarlos con exactitud. Por consiguiente, no debe sorprendernos que el manuscrito tenga otro título, a saber, el de *Primera parte de la summa de teología del Angélico Doctor Sto. Tomás de Aquino*.

Era un tratado perdido desde el siglo XVII hasta que tuve la fortuna de encontrar el manuscrito; abro un paréntesis para relatar la anécdota de su hallazgo. Antes de que se cambiara la Biblioteca Nacional de México a la Ciudad Universitaria, estaba en el ex Convento de San Agustín, que abarcaba

---

7 José Mariano Beristáin de Souza, *Biblioteca Hispano Americana Septentrional*, vol. 4, México, Ediciones Fuente Cultural, 1947, p. 10, núm. 2113.

toda una manzana, entre la calle de Isabel la Católica y otras del Centro Histórico de la Ciudad de México.

Mis visitas eran recurrentes sobre todo para buscar manuscritos e impresos novohispanos que se guardaban en el fondo reservado. Incluso, había llegado a entablar amistad con un trabajador de ahí, don Liborio, quien en una ocasión, me dijo que me podía facilitar un fichero en el que se hallaban las piezas últimamente catalogadas. Accedí y me dispuse a repasarlo para ver qué encontraba de interés.

Así, me encontré con una tarjeta que decía: "Fray Francisco Naranjo, o.f.m., Comentario a la Suma Teológica de Santo Tomás de Aquino". Me llamó la atención, pues de inmediato lo asocié con el dominico del que he hablado; sin embargo, éste tenía las siglas "o.f.m.", que significan "Orden de Frailes Menores", es decir, la de los franciscanos.

Primero pensé que sería un homónimo del dominico, pero francamente me parecía imposible que un franciscano de esa época comentara a Santo Tomás, pues los de esa orden atendían, en todo caso, a Juan Duns Escoto, el escolarca de su institución. Le pregunté a don Liborio por qué le habían puesto "o.f.m.", si todo indicaba que era un dominico y con eso lo etiquetaban como franciscano y me dijo que por el nombre, pues era Francisco –irónicamente pensé que así, todos los que se llamaran Domingo tendrían que ser entonces dominicos–.

Le pedí el manuscrito y me llevé la sorpresa de que era, precisamente el texto del autor del siglo xvii, que desde ese entonces estaba perdido, porque alguien lo había sustraído y ocultado, por considerar que la teología no debía escribirse en castellano, sino en latín. En aquel entonces se permitía fotocopiar materiales y de inmediato pedí una copia.

Para estar más seguro, le enseñé la copia a mi amigo René Acuña, del Instituto de Investigaciones Filológicas de la Universidad Nacional Autónoma de México (unam), quien me dijo que en verdad había hecho un hallazgo. Todo indicaba que era el texto de aquel Francisco Naranjo, dominico del siglo xvii.

Transcribí el texto y lo edité con una introducción histórica y teórica. Se publicó en lo que antes era el cesu, Centro de Estudios sobre la

Universidad –ahora ISUE–, porque ese fraile había estado vinculado con la Universidad, por haber regenteado la cátedra de Santo Tomás en ella.

Así fue como un texto filosófico-teológico que desde el siglo XVII estaba extraviado, vine a encontrarlo escarbando en un archivero de las cosas que acababan de registrar en el Fondo Reservado de nuestra Biblioteca Nacional que, seguramente, guarda todavía muchos tesoros.

5.3 Sor Juana y Kircher

Nuestra Décima Musa, sor Juana Inés de la Cruz fue poseedora de una gran erudición que abarcaba no sólo la literatura, sino también la filosofía y la teología. Conoció de la escolástica, principalmente tomista, pero también del hermetismo e incluso, algo de la filosofía moderna, a través de Descartes. La escolástica era el pensamiento usual, que se aprendía en todos lados, pero el hermetismo lo aprendió a través de Atanasio Kircher y la filosofía moderna, de corte cartesiano, se cree que a través de su amigo Carlos de Sigüenza y Góngora.

Ahondaré un poco en el hermetismo, que venía desde la Antigüedad, pero era sobre todo neoplatónico y renacentista. En tiempo helenístico proliferaron los textos de Hermes Trismegisto, que se remitían a un ser mitológico, Teuth o Tot, el Hermes o Mercurio egipcio, hasta que Isaac Casaubón, en el Renacimiento, probó que eran tardíos.

El saber hermético fue cultivado en el siglo XVII, en pleno Barroco, por el jesuita alemán Athanasius Kircher, en libros de ciencia que eran casi de magia como *La torre de Babel*, *El arca de Noé*, *la Musurgia universal*, *el Edipo egipciaco*, *El viaje extasiado*, *El mundo subterráneo*, entre otros.

Kircher estudiaba los jeroglíficos egipcios y chinos, analizaba seres mitológicos, además de tener empresas como la búsqueda del arca de Noé, el paraíso y otros asuntos por el estilo; todo esto, al lado de diversos intereses, por ejemplo, tuvo la agudeza de decir que había enfermedades ocasionadas por organismos muy pequeños, imperceptibles al ojo humano, esto en una época en la que apenas empezaba a haber microscopios.

Kircher tuvo su recepción en la Nueva España que podemos rastrear a través de su correspondencia con mexicanos. Como anécdota, en 1988 asistí a Roma junto con mis colegas Roberto Heredia, José Quiñones e Ignacio Osorio, todos profesores de la UNAM del Centro de Estudios Clásicos del Instituto de Investigaciones Filológicas.

Osorio era bibliófilo y en ese entonces, director de la Biblioteca Nacional, además, tenía un gran olfato para los documentos históricos y fue a investigar a la Universidad Gregoriana y a otros archivos de Roma, donde había enseñado Kircher. Se encontró con algunas cartas que había intercambiado con novohispanos, uno de ellos, un jesuita francés de apellido Guillot, que había sido castellanizado como Ximénez y que había conocido al sabio alemán en Europa.

Guillot había venido a la Nueva España y estuvo en Puebla, donde fue director del Colegio del Espíritu Santo, de la Compañía de Jesús. Allí habría recibido obras del sabio alemán que compartía con el obispo Diego Osorio de Escobar y también con un joven alumno –quien igualmente sobresalió entre esos corresponsales–, llamado Alexandro Favián, sacerdote mexicano.

Desafortunadamente, Osorio murió pronto a causa de un aneurisma, y por esta lamentable causa, el Instituto de Investigaciones Bibliográficas me pidió que revisara las pruebas del trabajo que mi colega había hecho, porque los originales de las cartas estaban en latín.[8] Disfruté mucho la lectura, y así fue como me enteré de que Favián recibía libros de Kircher a cambio del chocolate que él le enviaba, pues era considerado como tonificante. De paso, le pedía a Kircher, quien se encontraba en Roma, que le consiguiera un obispado modesto, de preferencia uno como el de Michoacán o el de Oaxaca, para ayudarlo en sus publicaciones e investigaciones y tener dinero para ello.

Además de ellos, Kircher es recuperado por fray Diego Rodríguez, mercedario catedrático de matemáticas y astronomía, maestro de Sigüenza y Góngora, quien, a su vez, también lo cita. De este modo, es través de alguno de ellos, probablemente por Sigüenza, como llega a manos de Juana.

---

8   Ignacio Osorio, *La luz imaginaria. Epistolario de Atanasio Kircher con los novohispanos*, México, UNAM, 1993.

Además, para muestra de que la monja estaba relacionada con el alemán, está el retrato que Cabrera hizo de ella, pues en el lomo de uno de los libros pintados a sus espaldas, aparece el nombre de Kircher. Asimismo, la poetisa, en su *Respuesta a sor Filotea*, habla de "Quirquerio", que es una latinización del nombre,[9] y en uno de sus poemas lo llama "Kirkero", además de usar el verbo "kirkerizar".[10]

Para acercarnos más al autor, quisiera traer a colación un retrato notable de Kircher que aparece en la portada de su libro *Mundus subterraneus*.[11] Es una litografía grabada en bronce donde aparece a sus 76 años de edad en 1678, es decir, a dos años de su muerte. Su fisonomía es vigorosa, los ojos muy abiertos, la mirada inquisitiva y penetrante, como si devorara lo que ve. Sus pómulos salientes, cara adusta, nariz recta y firme, mientras que los labios se muestran apretados, con gesto fuerte y rígido, con un *rictus* notorio en la quijada. La vestimenta es un abrigo usado en lugares de bajas temperaturas, tal vez por hallarse en el invierno europeo. En la cabeza lleva el bonete jesuítico, lo cual revela o recuerda su pertenencia a la Compañía, como lo proclama también la leyenda que aureola el grabado, en la que además nos enteramos de que era *fuldensis*, esto es, de Fulda, en Alemania.

Kircher tenía unos ojos brillantes con los que da la impresión de estar viendo más de lo que parece; tal vez era la cercanía de la muerte o la sapiencia alcanzada lo que le hacían ver algo de la trascendencia. Uno recuerda sus libros, cargados de esa "ciencia" más pretenciosa que la moderna, pues quería llegar a cosas imposibles, como el hallazgo del arca de Noé y el estudio de la torre de Babel.[12]

Resulta desconcertante la mirada de Kircher de un visionario o de un iluso; un poco atractiva y un poco sobrecogedora, parece hundirse en el

---

9   Sor Juana Inés de la Cruz, *Respuesta a sor Filotea de la Cruz*, en *Obras completas* (ed. Alfonso Méndez Plancarte), t. IV, México, FCE, 1ª ri., 1976, p. 450.

10   Sor Juana Inés de la Cruz, "Soneto núm. 193", en *Ibidem*, t. I, p. 302.

11   Reproducido en Ignacio Gómez de Liaño, *Athanasius Kircher. Itinerario del éxtasis o las imágenes de un saber universal*, Madrid, Siruela, 1990, p. 34.

12   Una de sus obras se llama *Arca Noe y otra Turris Babel*, ambas publicadas en Ámsterdam, la primera en 1675, la segunda en 1679.

horizonte, en busca de sueños perdidos que rescatar. Su mirada nos habla del tipo de conocimiento que el hermetismo barroco buscaba, uno que calara en lo hondo, en el saber de la realidad a través de símbolos, del imán magnético, los jeroglíficos y el caracol.

¿Por qué esta relación del hermetismo con el Barroco? En primer lugar, Kircher, al igual que sus cofrades Sebastián Izquierdo y Baltasar Gracián, y que otros más distantes como Quevedo y Leibniz, pueden ser ubicados como sabios de ese periodo. El Barroco es entusiasta —piénsese en la metafísica optimista de Leibniz—, exuberante en el culteranismo y más parco en el conceptismo, pero en ambos da la impresión de ser muy animoso.[13]

Ahora, ¿qué dificultad le representa acometer esas utopías e ideales, o incluso obsesiones y delirios? El Barroco se adentra, en verdad, en el reino de la fantasía, no sólo de la razón. Aquí, la imaginación creativa se entremezcla con el esfuerzo racional, pero con una verificación empírica todavía muy incipiente y rudimentaria. Ejemplo de ello es el informe que Kircher le da por carta a Alexandro Favián sobre el pez magnético en las aguas mexicanas.[14] Sin embargo, cabe decir que lo hace no como tema principal, sino en un apéndice, no como algo decisivo y ni siquiera importante; le resultaba creíble, aunque era más fantástico que constatable por la experiencia.

Este saber kircheriano llegó a sor Juana y se convierte en uno de sus principales paradigmas de conocimiento. Eso concuerda con su barroquismo gongorista y sofisticado, aunque también tiene momentos conceptistas y sintéticos. Kircher la lleva al simbolismo mitológico del *Neptuno alegórico*; se deja ver en el *Primero Sueño*, con sus alusiones al conocimiento enciclopédico de los arcanos misterios del cosmos, tanto del macrocosmos como del microcosmos —quizá más de este último—, y trasmina en otros escritos suyos.

Sor Juana, sabia barroca como Sigüenza y Góngora, hace convivir hermetismo y escolasticismo. El primero, tal vez no recogido directamente

---

13   Cfr. Bolívar Echeverría y Horst Kurnitzky, *Conversaciones sobre lo barroco*, México, UNAM, 1993, pp. 32 y 80.

14   Cfr. Ignacio Osorio, *La luz imaginaria...*, ed. cit., pp. 126-127; Víctor Gerardo Rivas, *La sombra fugitiva: la poética del precipicio en el Primero Sueño de sor Juana y la comprensión del humanismo barroco*, México, UNAM, 2001, pp. 274 ss.

de los textos de Hermes, pero sí a través de hermetistas como el propio Kircher. Es el alemán quien le da ese regusto gnóstico, hermético en el sentido de oculto y que busca lo cerrado, que gusta esconderse y exigir una laboriosa exégesis para poder penetrar en su secreto. Es decir, un hermetismo tan penetrante como la mirada del propio Kircher, al grado de resultar fascinante.

El sabio barroco se permitía brincar de su raíz escolástica al arrebato hermético-gnóstico. De esa manera, convivían en él la racionalidad escolástica con la fantasía neoplatónica, es decir, el concepto y la imagen. Esto también se da en nuestra autora, en quien se encuentran dichos aspectos conjuntados. Así se convierte en la sor Juana que da brillantez conceptual a sus escritos, pero también en la que se deja ir en el vuelo de su fantasía, en la mujer que piensa, pero que también sueña.

Quizás lo que subyugó de Kircher a nuestra poetisa fue su mirada tan penetrante y fuerte como la de los profetas. Y quizás, no sólo haya sido eso, sino que le haya enviado mensajes con la mirada, ¿o no dice la propia sor Juana "Óyeme con los ojos"?

En efecto, sabemos que existía un lenguaje o código oculto con el que se podían comunicar algunas personas iniciadas y sor Juana fue una de ellas por su estudio acucioso del hermetismo de Kircher, del que supo encontrar sus riquezas.

5.4 Reflexión

El estudio de fray Francisco Naranjo y sor Juana me ha resultado de gran provecho, pues junto con él, vino el regalo del concepto de la analogía. Naranjo lo trató en su comentario a Santo Tomás, ya que habla de que el conocimiento que podemos tener de Dios es por medio de la analogía a partir de las creaturas. Incluso se basa en el cardenal Cayetano, genio del conocimiento analógico y gran tomista del Renacimiento. A su vez, sor Juana no trató la analogía *ex professo*, pero echó mano de ella en sus poemas, ya que supo combinar equilibradamente la metáfora y la metonimia, así como balancear el culteranismo y el conceptismo barrocos.

De ellos aprendí a buscar ese equilibrio proporcional, la *frónesis* que se da tanto en la ética como en la hermenéutica, pues Gadamer compara la interpretación con la prudencia, ya que se tratan de un saber contextual. Con estos autores conocí la hermenéutica analógica, propuesta mexicana, amparada por estos dos criollos que en su cultura mestiza llevaban ya lo analógico.

Es decir, se trata de una hermenéutica criolla o mestiza, porque se da dentro de un mestizaje cultural, el cual, a su vez, es analógico, ya que participa de dos mundos, el de allá, español, y el de acá, indígena. La cultura novohispana fue híbrida de estas culturas y ambos escritores fueron en su propia vida un ejemplo de ello. Ese carácter híbrido puede verse en sus actitudes y sobre todo en su aprecio por la lengua castellana; fray Francisco Naranjo al haber dejado un tratado teológico en ese idioma, que no era considerado digno de tan altos temas, y por eso estuvo perdido tanto tiempo, hasta que el mismo pensamiento analógico me condujo a encontrarlo; por su parte, la segunda por haber sido una gran escritora en esa lengua, al grado de ganarse apelativos distintivos como Fénix y Décima Musa.

Ambos usaron la analogía y con ello, sientan nuestro precedente en la hermenéutica analógica. Este pensamiento, si bien pertenece al Barroco, es necesario en la actualidad, pues puede ayudarnos a encontrar el camino que lamentablemente hemos perdido. Considero que este extravío en el pensamiento lo venimos arrastrando ya desde tiempo atrás y permea en las distintas áreas, literatura, filosofía y teología, es decir, la cultura en general.

5.5 Conclusión

En estas páginas he hablado de mi aprecio intelectual y especial cercanía a estos dos pensadores de nuestro Barroco, del pleno siglo XVII mexicano. Reitero, la Nueva España aún tiene numerosas sorpresas que darnos y la importancia de su estudio sigue viva. Tenemos que conocer nuestra historia cultural e intelectual, no sólo para comprender mejor el mismo desarrollo de nuestra patria, sino también para que, desde una comprensión del pasado, entender el presente y proyectar el futuro.

Aquí he descrito y narrado un aspecto de la historia novohispana, pero no se agota el tema, aún hay mucho conocimiento por descubrir que continuará en la oscuridad si no se emprende su estudio. Es una labor que nos compete a todos, para que así, podamos ir potenciando no sólo la filosofía hecha desde y para México, sino una auténtica filosofía mexicana a la que ya nos están urgiendo varios de nuestros pensadores y escritores. Es una tarea apremiante y necesaria para dar vida y sentido a la filosofía que hacemos en la actualidad.

CAPÍTULO 6

Sor Juana Inés de la Cruz y la filosofía

6.1 Introducción

En este capítulo trataré el saber filosófico de Sor Juana Inés de la Cruz, pues, como he mencionado ya, era una mujer realmente estudiosa y erudita, de modo que es bien sabido la admiración que causaba a la gente de su tiempo. Empezó a estudiar desde muy joven y, aunque fracasó su intento de disfrazarse de muchacho para poder ingresar la universidad, a través del estudio por su cuenta alcanzó un gran avance.

También se sabe que, aun cuando estaba en el claustro, cultivó la amistad de intelectuales de su época, como he dicho anteriormente, uno de ellas fue don Carlos de Sigüenza y Góngora, catedrático de matemáticas y astronomía en la Universidad Mexicana. Este amigo suyo aportó libros de filosofía y ciencias modernas a la ya considerable biblioteca de nuestra monja; de esa forma es como se puede notar, a su modo y en la medida de lo posible, la presencia de Descartes en Sor Juana.

Recibió de igual manera otras influencias filosóficas, como lo veremos más adelante. Todo este bagaje indica la anchura y profundidad del saber de nuestra poetisa que, si su desempeño en literatura fue extraordinario, a grado tal de ser considerada como Fénix de México y Décima Musa, también alcanzó un progreso semejante en otros saberes.

6.2 Integración de saberes y de corrientes

En efecto, Sor Juana alcanzó una notable erudición, no solamente en las letras, sino también en la filosofía y teología, lo que trataré de mostrar a continuación. Mi interés particular, como he insistido anteriormente, es la presencia de la filosofía aristotélico-tomista en nuestra monja, ya que se han resaltado otras influencias, pero poco se ha estudiado ésta.[1]

En nuestra poetisa confluyen varias corrientes del pensamiento de su época. Por una parte, se encuentra la escolástica, que era inevitable pues constituía la línea oficial en la Colonia, sobre todo en la escuela de Santo Tomás de Aquino. Así, el tomismo trata de colocarse en la tradición de Aristóteles y los desarrollos que añadió el Aquinate, con muchos otros elementos de la Edad Media.

Por otra parte, estaba también la filosofía hermética que había sido fomentada notoriamente en el Renacimiento y llegó al Barroco. Se trataba de un eclecticismo marcado que pretendía reunir enseñanzas desplegadas desde la más remota antigüedad, a partir del mitológico Hermes Trismegisto en Egipto. En otras palabras, era un conglomerado de doctrinas neoplatónicas del helenismo, como fue mostrado por Isaac Casaubon ya en el año 1614.[2]

Finalmente, pueden señalarse rasgos de incorporación de la Modernidad, sobre todo de Descartes, quien era estudiado por su amigo y catedrático de matemáticas y astronomía en la Universidad Mexicana, Don Carlos de Sigüenza y Góngora.

Tenemos tres corrientes principales en Sor Juana, a saber, el tomismo, el hermetismo y los racionalismos cartesianos, mismos que a su vez, fueron incorporando otras líneas de pensamiento. Cabe mencionar que, quizás, el cartesianismo pigmentó a la autora de cierto escepticismo, muy acorde con el criticismo del filósofo francés que es contado como iniciador de la Modernidad.

---

[1]   *Vid.*, Mauricio Beuchot, *Sor Juana Inés de la Cruz...*, ed. cit., pp. 11 ss.

[2]   Frances Yates, *Giordano Bruno y la tradición hermética,* Barcelona, Ariel, 1983, p. 201.

Por otro lado, el neoplatonismo en su pensamiento ha sido señalado por Robert Ricard y Octavio Paz,[3] quienes también han profundizado en su hermetismo al igual que los críticos Carl Vossler, Francisco de la Maza y Elías Trabulse.[4] Asimismo, se ha resaltado su modernismo cartesiano en los estudios de Francisco López Cámara, José Gaos, Rafael Moreno y Laura Benítez.[5]

Si bien contamos con diversos estudios de Sor Juana, llama la atención que su acercamiento al tomismo ha sido escasamente tratado. Encontramos ciertas menciones en forma de aristotelismo por Ramón Xirau y José Pascual Buxó, sin embargo, no lo estudian de manera más amplia.[6] De su tomismo propiamente dicho, algo ha hablado Alfonso Méndez Plancarte en unas cuantas notas al *Primero sueño*; Octavio Castro López lo menciona en un par de páginas de su comentario a ese poema y Constance M. Montross en alguno de sus libros, pero sólo en el plano de la ética y no en el de las otras partes de la filosofía.[7]

---

[3] Robert Ricard, "Reflexiones sobre 'El sueño' de Sor Juana Inés de la Cruz", *Revista de la Universidad de México*, XXX, 4, (dic. 1975 - ene. 1976), pp. 25 ss., aquí se traza la influencia de León Hebreo y de Saavedra Fajardo; Octavio Paz, *Sor Juana Inés de la Cruz o las trampas de la fe*, México, FCE, 3ª ed., 1983, pp. 221 ss.

[4] Carl Vossler, en su edición del *Primer Sueño*, Buenos Aires, Facultad de Filosofía y Letras-Universidad de Buenos Aires 1953, pp. 13-14; Francisco de la Maza, *Sor Juana Inés de la Cruz en su tiempo*, México, SEP, 1967; Robert Ricard, art. cit., p. 26; Octavio Paz, *Sor Juana Inés...*, pp. 224 ss.; Elías Trabulse, *El círculo roto*, México, FCE-SEP, 1984, pp. 75-91.

[5] Francisco López Cámara, "El cartesianismo en sor Juana y Sigüenza y Góngora". *Filosofía y Letras* (UNAM), 39, (1950), pp. 107 ss.; José Gaos, "El sueño de un sueño", *Historia Mexicana*, 10, (1960), pp. 54 ss.; Rafael Moreno, "La filosofía moderna en la Nueva España", en Mario de la Cueva *et al.*, *Estudios de historia de la filosofía en México*, México, UNAM, 3ª ed., 1980, pp. 123 ss.; Laura Benítez, "Sor Juana Inés de la Cruz y la filosofía moderna", en José Pascual Buxó y Arnulfo Herrera (eds.), *La literatura novohispana. Revisión crítica y propuestas metodológicas*, México, UNAM, 1994, pp. 208 ss.

[6] Ramón Xirau, *Genio y figura de Sor Juana Inés de la Cruz*, Buenos Aires, EUDEBA, 2ª ed., 1970, p. 151; José Pascual Buxó, *Sor Juana Inés de la Cruz en el conocimiento de su "Sueño"* (Discurso de ingreso a la Academia Mexicana), México, UNAM, 1984, pp. 18-19. *Vid.* también, de este último, "El sueño de Sor Juana. Alegoría y modelo del mundo", *Sábado suplemento de unomásuno*, México, (15 de agosto de 1981); también recogido en su obra *Las figuraciones del sentido*, México, FCE, 1982, pp. 235-262.

[7] Alfonso Méndez Plancarte (ed.), notas al *Primero sueño*, en *Obras completas de Sor Juana Inés de la Cruz, I: Lírica personal*, México, FCE, 1976, vv. 267, 297-301, 490-493, 581, 695-703 y 830-853; Octavio Castro López, *Sor Juana y el "Primero Sueño"*, Xalapa, Universidad Veracruzana, 1982, p. 46; Constance M. Montross, *Virtue or Vice: Sor Juana's Use of Thomistic Thought*, Washington, University Press of America, 1981.

Me he dedicado a resaltar esta vena escolástica sorjuaniana en otros trabajos[8] que a su vez han sido recuperados por otros autores como Alejandro Soriano Vallès.[9] En esta oportunidad, haré un balance de sus influencias filosóficas y cómo se presentan en la autora, con especial énfasis en la presencia de la escolástica.

6.3 La escolástica

La tradición escolástica se halla, por supuesto, presente en gran manera en Sor Juana. Llama mucho la atención que en las bibliografías se reporta un libro de súmulas de lógica escrito por ella y ahora esté perdido.[10] Es una lástima que no se conserve esa obra de la monja, pues nos mostraría con claridad su vena escolástica, ya que es el género por excelencia de esta corriente. Consistían en compendios –de ahí su nombre, proveniente del latín, de *summulae* o pequeñas sumas–, que recogían lo más esencial de la lógica. Encontramos también mención de las súmulas en la *Respuesta a Sor Filotea*, donde nuestra poetisa dice:

> Todo esto pide más lección de lo que piensan algunos, que, de meros gramáticos, o, cuando mucho, con cuatro términos de Súmulas, quieren interpretar las Escrituras y se aferran del *Mulieres in Ecclesia taceant*, sin saber cómo se ha de entender.[11]

---

[8] Mauricio Beuchot, "Microcosmos, filosofía y poesía en Sor Juana", *Universidad de México*, 424, (mayo 1986) pp. 29 ss.; "Poesía y filosofía escolástica en sor Juana", *Literatura mexicana*, 3 (1992), pp. 269 ss.

[9] Alejandro Soriano Vallès, *El Primero Sueño de Sor Juana Inés de la Cruz. Bases tomistas*, México, UNAM, 2000.

[10] Emeterio Valverde Téllez, *Bibliografía filosófica mexicana* (ed. fac. de la de 1913), t. I, Zamora, El Colegio de Michoacán, 1989, p. 50, núm. 256. Habla de unas "*Summulas*, que escritas de propia mano de la poetisa conservaba el Padre José Porras, teólogo de la Compañía de Jesús".

[11] Sor Juana Inés de la Cruz, "Respuesta a Sor Filotea de la Cruz", en Rubén Salazar Mallén, *Apuntes para una biografía de Sor Juana Inés de la Cruz*, México, UNAM, 2ª ed., 1978, p. 109.

Sor Juana se refiere a los que quieren hacer exégesis bíblica sin suficiente preparación, no sólo teológica sino también filosófica, ya que apenas han cursado la gramática y un poco de lógica, la cual representaba la disciplina más básica de las que la configuran la filosofía y se hallaba en las súmulas que son el comienzo de la dialéctica, asignatura más avanzada.

En la misma *Respuesta a Sor Filotea*, alude a la lógica como una disciplina auxiliar de la teología, en especial para la interpretación de la Sagrada Escritura. Implica, entonces, que la propia autora se adentró en su estudio:

> Proseguí dirigiendo siempre los pasos de mi estudio a la cumbre de la Sagrada Teología; pareciéndome preciso, para llegar a ella, subir por los escalones de las ciencias y artes humanas; porque ¿cómo entenderá el estilo de la Reina de las Ciencias quien aún no sabe el de las ancillas? ¿Cómo sin Lógica sabría yo los métodos generales y particulares con que está escrita la Sagrada Escritura? [...][12]

En este sentido, podemos ver que su manejo de la teología era bastante sólido, pues suponía el conocimiento de la lógica, la cual, a su vez, agrupa las demás partes de la filosofía que sirven de criadas o "ancillas" al saber teológico.

Muchos textos suyos son muestra fehaciente de su conocimiento y empleo de la escolástica. En esta oportunidad, mi interés es exponerlo en el *Primero sueño*, donde aparecen de entrada alusiones a la antropología filosófica o filosofía del hombre. En dicho texto se enumeran las facultades cognoscitivas del ser humano y entre ellas, son mencionados también los sentidos internos.

Ahondemos en este punto, para la escolástica eran cuatro facultades: el sentido común, la fantasía o imaginación, la cogitativa y la memoria sensitiva. Cabe decir que Sor Juana equivoca un poco el nombre de la cogitativa y la llama "estimativa", que era más bien el nombre con el que designaba esa

---

[12]   *Ibidem*, p. 82.

facultad en los animales, aunque cabe la posibilidad también de que en ese momento se usaran de manera indistinta e intercambiable.

Respecto a esta facultad, la cogitativa, era de gran importancia, pues se dedicaba a percibir las representaciones que no eran captadas por los sentidos –*intentiones insensatae*–.[13] Refiere al sentido común no del modo que lo entendemos hoy día, sino como lo que daba unidad a los datos de los sentidos propios o particulares, que eran los cinco ya consabidos. La memoria sensitiva guardaba en su reservorio los datos de los sentidos, tanto externos como internos. De esa forma, Sor Juana ve a la fantasía como una especie de pintor:

> [...] así ella sosegada, iba copiando
> las imágenes todas de las cosas,
> y el pincel invisible iba formando
> de mentales, sin luz, siempre vistosos
> colores, las figuras
> no sólo ya de todas las criaturas
> sublunares, mas aun también de aquellas
> que intelectuales claras son Estrellas [...][14]

Para el funcionamiento del conocimiento sensible y del inteligible, los escolásticos ponían en la mente las *especies*;[15] es decir, las representaciones mentales de las cosas, que eran las formas mismas de los objetos que tenían un ser físico, y en el alma, uno psíquico o intencional, signo interior de las cosas. De este modo, las especies intelectivas –no las sensitivas– eran los conceptos, sin embargo, dado que muchos nominalistas negaban estos intermediarios cognoscitivos, Sor Juana pone especial cuidado en subrayar que son indispensables para el funcionamiento del conocer:

---

[13] El que explica con más acierto la facultad cogitativa es Octavio Castro, siguiendo a Santo Tomás, pues Méndez Plancarte no entra en ello. *Vid.* Octavio Castro, *op. cit.*, p. 89.

[14] Sor Juana Inés de la Cruz, "El sueño", en *Obras completas*, ed. cit., v. 258.

[15] Cfr. *Ibidem*, v. 403.

> [...] como el entendimiento, aquí vencido
> no menos de la inmensa muchedumbre
> de tanta maquinosa pesadumbre
> (de diversas especies conglobado
> esférico compuesto),
> que de las cualidades
> de cada una, cedió [...][16]

En la cita anterior, podemos apreciar claramente la desesperación de nuestra monja jerónima al atender a las especies o conceptos confusos, que se obtienen muchísimas veces, cuando no es alcanzable un conocimiento distinto y preciso. Lo mismo ocurría con su entendimiento:

> [...] permitiéndole apenas
> de un concepto confuso
> el informe embrión que, mal formado
> inordinado caos retrataba
> de confusas especies que abrazaba [...][17]

En estos versos, señala bien la teoría aristotélico-escolástica del conocimiento como información, en el sentido de recibir las formas de las cosas en el alma. Pero, como en muchos casos es una información defectuosa, la llama "informe embrión", o dicho de otro modo, uno confeccionado con especies confusas o conceptos imprecisos.

Pasando a otra disciplina filosófica, nuestra autora habla también de la física aristotélica, que apenas estaba siendo suplantada por la cartesiana, aunque para su tiempo ya no era cualitativa ni dinamicista, sino cuantitativa y mecanicista. De cualquier modo, todavía guarda mucho de la física escolástica, por ejemplo, al hablar de Dios como causa final hacia la que tienden todas las cosas, causalidad que iba a ser excluida de la nueva ciencia:

---

[16] Sor Juana Inés de la Cruz, "El sueño", ed. cit., vv. 469-475.

[17] *Ibidem*, vv. 547-551.

> [...] y a la Causa Primera siempre aspira
> céntrico punto donde recta tira
> la línea, si ya no circunferencia,
> que contiene, infinita, toda esencia.[18]

Igualmente escolástica es la división que nuestra monja admite del alma en vegetativa, sensitiva y racional, partición a la que Descartes se opuso firmemente. También aborda la metafísica, la más elevada de las ciencias humanas, primero al mencionar las causas, después, al hablar de las categorías.

Recordemos que las categorías aristotélicas son la substancia y nueve accidentes, a saber, cantidad, cualidad, relación, acción, pasión, lugar, tiempo, situación y hábito; y se trataba del esquema de los predicamentos en el que tenían que caber todas las cosas, reducirse a alguno de ellos. Con estas consideraciones, la poetisa señala que se tenía que hacer lo siguiente: "[...] una por una discurrir las cosas / que vienen a ceñirse / en las que artificiosas / dos veces cinco son Categorías //".[19]

Podría desconcertar que llame "artificiosas" a las categorías. Respecto a ello, estaría tentado a interpretarlo como otro rasgo más del fuerte criticismo y sutil escepticismo de la poetisa, como crítica o incluso oposición y rechazo de la teoría tradicional, signo de su modernidad o, por lo menos, de su libertad de espíritu. Octavio Castro nos dice que "artificiosas" debe entenderse no como "artificiales" o "arbitrarias", sino como "ingeniosas";[20] es decir, no entenderlas como contrapuestas a lo natural en cuanto antinaturales, sino como obra del ingenio humano, que reflejaba lo natural.

Considero pertinente aclararlo, pues parece un sentido peyorativo, aunque es cierto que siempre queda abierta la duda de si estaba en verdad estaba haciendo una crítica. Sin embargo, un indicio de que no era un

---

señalamiento al aristotelismo en bloque, es que no rechaza la metafísica, sino la plantea como camino de conocimiento, aunque ciertamente con reservas.

En ese sentido, su propuesta principal es la reducción metafísica, entendida la reducción o resolución, ambos nombres le daban los escolásticos, como el "análisis" que llamaban los griegos, principalmente Aristóteles. Tal reducción era un ascenso inductivo por el que se resolvían las cosas en sus principios y causas más universales; en cambio, el análisis de los modernos, como el de Descartes y Leibniz, consistía en descomponer las nociones en partes cada vez más simples. Después de que se llevaban las cosas a sus causas y principios, se realizaba la composición o síntesis, que era el descenso opuesto, el camino deductivo, por el cual se daba cuenta explicativamente de todas las cosas a partir de esos principios encontrados.

La metafísica era al mismo tiempo intelecto y ciencia, intuición y discurso, pero preponderantemente intuición por ser principalmente inductiva. Sin embargo, Sor Juana, con el argumento de que la intuición intelectiva no puede brindar un conocimiento firme, lo coloca en el discurrir argumentativo, aunque termina por darse cuenta de que tampoco éste colma sus aspiraciones:

[...] reducción metafísica que enseña
(los entes concibiendo generales
en sólo unas mentales fantasías
donde de la materia se desdeña
el discurso abstraído)
ciencia a formar de los universales,
reparando, advertido,
de no poder con un intüitivo
conocer acto todo lo crïado,
sino que, haciendo escala, de un concepto
en otro va ascendiendo grado a grado
y el de comprender orden relativo
sigue, necesitado
del de entendimiento

limitado vigor, que a sucesivo
discurso fía su aprovechamiento [...][21]

En el momento en el que se topa con este fracaso de lo filosófico, en sus más altas expresiones, da paso a la teología, que conoce más con la fe que con la razón, y sobrepasa así el modo racional con el místico.

Más que una racionalista cartesiana, vemos que la autora es como algunos escolásticos quienes, desde un sistema a veces muy cerrado y pesado, llegaron después de criticarlo y a conformar una postura mística de fe por encima de todo; pienso en otros ejemplos como el canciller Juan Gerson y aun en Nicolás de Autrecourt, ambos del siglo XIV.[22]

Más allá de esto, mi principal interés es señalar la gran erudición que tenía sor Juana en cuanto a filosofía escolástica. La línea principal que conocía era la tomista, pues era uno de los ingredientes de la cultura de la época, se aprendía tanto en la universidad como en varios de los colegios de los conventos y se contaba con una bibliografía abundante, parte de la cual habría llegado a esta ávida lectora y estudiosa.

He hablado ya sobre el título de Kircher que aparece en la biblioteca del retrato de Sor Juana pintado por Cabrera; ahora es preciso decir que también aparece el nombre de Santo Tomás en uno de los libros. Así pues, no es gratuita mi insistencia sobre esta vertiente filosófica de la Décima Musa.

6.4 Hermetismo

Como he mencionado anteriormente, nuestra poetisa recibió el hermetismo principalmente a través de Athanasius Kircher, el sabio jesuita que llegó a mantener correspondencia con algunos novohispanos.[23] Hay varios temas herméticos en los poemas de Sor Juana, singularmente en el *Primero sueño*;

---

[21]   Sor Juana Inés de la Cruz, "El sueño", ed. cit., vv. 583-599.

[22]   *Ibidem*, vv. 757 ss; *Vid*. Paula Gómez Alonso, "Ensayo sobre la filosofía en sor Juana Inés de la Cruz", Filosofía y Letras (UNAM), 60-62, (1956), pp. 59 ss.

[23]   Ignacio Osorio Romero, *La luz imaginaria...*, ed. cit., 1993; Maurico Beuchot, "Kircher y algunos filósofos mexicanos en el siglo XVII", *Intersticios*, 1, (1994), pp. 87 ss.

de manera que aludiré sólo a algunos de ellos, para dar apoyo a mi afirmación de la presencia que en ella tuvo este pensamiento.

El primero al que quiero aludir es el de la torre de Babel, mencionada en dicho poema y que también aparece en la obra del erudito alemán *Turris Babel*, publicada en 1679 en Ámsterdam. En este poema aparece también el tópico de las pirámides y los jeroglíficos, presente al igual, en otras obras del mencionado filósofo, principalmente en *Lingua aegyptiaca restituta* de 1643; *Oedipus aegyptiacus* de 1656, y *Obeliscus aegyptiacus* de 1666, obras publicadas en Roma.[24]

Por otra parte, también se puede ver en el influjo renacentista que recibió nuestra autora en el motivo del ser humano como microcosmos, el cual remite a Pico de la Mirandola, con su diálogo sobre la dignidad del hombre y a Luis Vives, con su fábula del ser humano.

El mismo tema del sueño en sí es hermético, pues implica una suerte de separación entre alma del cuerpo, de manera que parece hacerlo a más sutil y ágil. El sueño es por una parte, la abstracción, y por otra, una especie de revelación, como la que daba Dios a los profetas por medio de algún ángel o espíritu puro.

Tal se ve en el *Itinerarium extaticum*, del propio Kircher (1656), donde aparece la idea del sueño como un viaje en el que se obtenían ciertos conocimientos o, en todo caso, permitía una captación muy sutil, precisamente porque arrebataba el alma del cuerpo y de los sentidos. Por esa vía se llega a una intuición intelectual, la más pura que se podía alcanzar, y todos estos rasgos herméticos se encuentran presentes en nuestra poetisa.

El conocimiento de las obras de Kircher le vino, en primer lugar, por el obispo de Puebla que adoptó el seudónimo de sor Filotea de la Cruz, a saber, Manuel Fernández de Santa Cruz, quien era amigo de Alexandro Favián, corresponsal del jesuita alemán y que poseía varios de los libros de éste y los hacía circular entre algunos novohispanos connotados. En segundo lugar, le llega seguramente por su buen amigo Don Carlos de Sigüenza y

---

24 Ignacio Gómez de Liaño, *Athanasius Kircher. Itinerario del éxtasis o Las imágenes de un saber universal*, Madrid, Siruela, 1990, p. 41.

Góngora, quien cita a Kircher y a Schott, alumno del alemán, en su *Libra astronómica y filosófica*.

En cuanto a la filosofía hermética, Sor Juana no sólo cita varias veces a Kircher, ni su presencia queda sólo en el lomo del libro del ya mencionado cuadro de Cabrera, sino que muchas de las ideas propias de esa corriente están dispersas por su obra, e incluso, el verbo "kirkerizar" figura en la *Respuesta a Sor Filotea de la Cruz* y en algunos otros versos.

El legado renacentista es una constante en nuestra monja que conoce a Maquiavelo y se opone a su idea de la "razón de estado", vulgarizada por Guicciardini, lo cual aparece en un par de versos de la loa al cumpleaños del rey Carlos II. Asimismo, refiere en el *Primero sueño*[25] la mencionada idea del microcosmos que, atravesando toda la historia, desde los griegos a la Modernidad, pasando por los medievales, se hizo presente de manera importante en los renacentistas.

En ese entonces, el jesuita Kircher era uno de los principales exponentes de la filosofía hermética y aunque había otros más, fue el preferido de nuestra poetisa. Algo distintivo habrá visto en sus obras que le llamó la atención, y la hizo sentir identificada con ese saber que, si bien cronológicamente preludiaba a la Modernidad, todavía parecía medieval. Recordemos que los humanistas renacentistas rescataban el gusto por la alegoría, el símbolo y los tropos literarios, especialmente la metonimia y la metáfora.

El hermetismo fue algo muy propio del Renacimiento, pero también del Barroco, donde tuvo que convivir con el pensamiento moderno que ya iba surgiendo. En ese sentido, se han considerado como pertenecientes al barroquismo a pensadores tan disímbolos como Descartes, Leibniz y hasta Vico, que ya visualizamos en lo moderno, pero que todavía conservaban, o recogían, rasgos de la época anterior; es decir, se desarrollan en una etapa de transición.

---

[25] Sor Juana Inés de la Cruz, *Primero sueño*, ed. cit., vv. 690-695.

6.5 Modernidad

Hay varios rasgos de modernidad en Sor Juana, uno de ellos es la manera como en el propio *Primero sueño* trasciende el hermetismo hacia el racionalismo, cambiando el medio privilegiado de conocimiento del primero, que era la intuición, por el de la Modernidad, que es el raciocinio deductivo. Este último es el que ella prefiere, de manera que declara impotente a la intuición para dar con la verdad; sin embargo, sólo pasa al deductivismo cartesiano para declararlo también incapaz, al poco de haberlo adoptado.[26]

Otros rastros de un sutil escepticismo, aunque no declarado ni pleno, se encuentran en varios de sus poemas. No llegan, ni mucho menos, a un escepticismo fuerte como el pirrónico, ya que Pirrón no aceptaba ningún argumento, ni los suyos y no era cognitivista; de esa manera la monja se apartaba de la discusión filosófica y se condenaba al silencio, o mejor dicho, buscaba la paz del alma.

Así pues, ni siquiera llega nuestra poetisa al escepticismo académico, centrado no en la suspensión del juicio, como el anterior, sino en la duda, por lo mismo, menos completo y radical. El escepticismo académico o dubitativo encontraba un representante en Descartes con su duda metódica, y es innegable que hay rasgos de éste en algunos versos de Sor Juana, como los siguientes:

> Todo el mundo es opiniones
> de pareceres tan vanos,
> que lo que el uno que es negro,
> el otro prueba que es blanco.
>
> [...]

---

[26] Por supuesto que también la intuición y la deducción eran peculio de los escolásticos, como se ve en Ockham; y en el hermetismo se usaba la deducción, pero en él predominaba la intuición, y en el racionalismo cartesiano la deducción, por más que la intuición tuviera asimismo un lugar muy importante.

Los dos filósofos griegos
bien esta verdad probaron:
pues lo que en el uno risa,
causaba en el otro llanto.

[...]

Para todo se halla prueba
y razón en que fundarlo;
y no hay razón para nada,
de haber razón para tanto.[27]

Sin embargo, reitero, no se le puede adjudicar a nuestra monja un escepticismo académico total. Como podemos ver, alude a la contraposición clásica entre Heráclito, a quien se representaba siempre llorando, y Demócrito, a quien se pintaba siempre riendo, y ambas posturas mostraban que tanto valía lo uno como lo otro. Al mismo tiempo, parece también recoger la inquietud cartesiana del continuo desacuerdo entre los filósofos, con lo cual Descartes criticaba los fundamentos de toda la filosofía y decía que sólo en matemáticas se llegaba a un punto claro.

Esta postura, parte escéptica, parece a la vez tratarse de una actitud lúcida que ve con humildad realista la finitud y las limitaciones de nuestro conocimiento. En ese orden de ideas, se refugia en el no-saber de la teología y la mística, uno que es, sin embargo, el mayor saber, según lo decía Nicolás de Cusa en su concepción de la docta ignorancia. Al adoptar esta perspectiva, Sor Juana se muestra en un punto entre el Renacimiento y la Modernidad. Ejemplo de ello está en los siguientes versos:

---

[27]   Sor Juana Inés de la Cruz, "Romance núm. 2", en *Obras completas*, ed. cit, vv. 13-16, 25-28 y 41-44.

No es saber, saber hacer
discursos sutiles, vanos;
que el saber consiste sólo
en elegir lo más sano.

[...]

¡Qué feliz es la ignorancia
del que, indoctamente sabio
habla de lo que padece,
en lo que ignora, sagrado![28]

Este saber por padecimiento, *pathos* o empatía, es también el de la mística, según lo exponía el Pseudo-Dionisio, un saber no por discurso, sino por connaturalidad, con el cual sobre todo se conocía –de acuerdo con lo que recogía de Santo Tomás de Aquino–, lo que podía conocerse de Dios. Este saber llevaba a un conocimiento de Él más pleno y perfecto que el que se alcanzaba en el raciocinio.

Por lo demás, alude asimismo a un conocimiento contrapuesto al teórico, un saber útil, que era el saber moral, más bien del lado de la teología, mismo que en la concepción cristiana se postula como un saber de salvación:

También es vicio el saber:
que si no se va atajando,
cuanto menos se conoce
es más nocivo el estrago;
y si el vuelo no le abaten,
en sutilezas cebado,
por cuidar de lo curioso
olvida lo necesario.

---

[28] Sor Juana Inés de la Cruz, "Romance núm. 2", en *Obras completas*, vv. 69-72 y 81-84.

[...]

Este pésimo ejercicio,
este duro afán pesado,
a los hijos de los hombres
dió Dios para ejercitarlos.

[...]

¡Oh, si como hay de saber,
hubiera algún seminario
o escuela donde a ignorar
se enseñaran los trabajos![29]

Hay en la autora un innegable criticismo, pero no parece llegar a constituir escepticismo. Por otra parte, en el *Primero sueño* encontramos asimismo la mención de los átomos y de los espíritus vitales. La idea de átomos ya venía desde los griegos, pero fue subrayada por modernos como Descartes y Gassendi, en la idea de los corpúsculos básicos. Los espíritus vitales parecen corresponder a los espíritus animales, que para Descartes

[...] son partículas sutiles de sangre que pasan del corazón al cerebro y mueven la glándula pineal para que ésta envíe información al alma o bien reciben los movimientos de la glándula y se mueven a través de los nervios para producir las respuestas de los diferentes músculos de nuestro cuerpo.[30]

Igualmente, como ya se ha dicho, el subrayar los límites de la razón es un rasgo general del cartesianismo.[31] Ahora, no se sabe bien a bien si el cono-

---

[29] Sor Juana Inés de la Cruz, "Romance núm. 2", en *Obras completas*, vv. 89-96, 125-128 y 133-136.

[30] Laura Benítez, *art. cit.*, p. 210.

[31] *Ibidem*, pp. 213-214.

cimiento del pensador francés que tuvo nuestra autora fue directo o a través de expositores; en todo caso pudo ser por libros que le habría prestado el propio Sigüenza y Góngora, quien lo cita junto a Gassendi y otros modernos en sus obras astronómicas, como la mencionada *Libra*.

6.6 El desengaño o la desesperanza del conocer

El poema de Sor Juana citado hace algunas unas líneas poseen un gran contenido filosófico que se ha atendido escasamente y que completaría la comprensión de lo dicho en el *Primero sueño*. Se trata de un romance que figura en un grupo denominado por Méndez Plancarte "Romances filosóficos y amorosos (sin fecha conjeturable)", el único que propiamente merece recibir el calificativo de "filosófico".

En la explicación breve que adjunta antes del principio del poema, la misma autora: "acusa la hidropesía de mucha ciencia, que teme inútil aun para saber y nociva para vivir".[32] ¿Qué pretende Sor Juana al decir esto? Tal parece no otra cosa sino explayar su desengaño frente a la facultad que tiene el hombre de abarcar con su saber todas las cosas; en ella encontramos un desengaño ante el saber absoluto, como si lo fuera ante el amor total. No se puede ver, sin embargo, en este poema un manifiesto escéptico pirrónico, ni una duda metódica de tipo cartesiano; aunque tal vez sí un acercamiento a ellos, pero desde la tradición misma.

Ciertamente hay un dejo de escepticismo en algunos versos de nuestra autora, de modo que se podría tomar como prueba suficiente de una actitud escéptica cuasi-pirrónica, o en una de las observaciones –como la comprobación del desacuerdo entre filósofos– que movieron a Descartes a replantearse la fundamentación de la filosofía misma. Sin embargo, se trata más bien de una actitud de sana humildad ante un sin saber, especialmente respecto a los misterios que queremos suprimir por no ser abarcables con nuestro entendimiento y nuestra razón.

---

[32] *Ídem.*

En parte, la monja se refugia en un saber más prudencial y de juicio moral,[33] así como en el "no-saber" de la fe o de la experiencia mística dadora de plenitud, tal como lo había hecho Cusa y lo haría después, en el fondo, Kant. ¿Desasosiego y bancarrota del saber racional? Tal se ve en otros pasajes de su poema.

En definitiva, hay que buscar el saber útil, un saber más bien práctico y moral, o como se considera a la teología en el cristianismo, un "saber de salvación". Por otro lado, lo que queda claro en la filosofía de su poesía es el desencanto y la desconfianza en la posibilidad de un conocimiento perfecto y completo.[34]

Como cuenta en su biográfica *Respuesta a Sor Filotea*, desde pequeña se caracterizó por su insaciable afán de saber, de conocerlo todo y con la mayor plenitud posible. ¿Cómo iba a dejar frustradas esas esperanzas, ese deseo inagotable que le hizo dar los pasos más trascendentales de su vida?

Justamente en este punto es donde la impulsa su idea y vivencia del microcosmos –síntesis de todos los grados del ser, inferiores y superiores–, a fusionar en la facultad más alta todos los aspectos del conocer. Ese grado mayor de ser y de conocer es el que rige a todos los menores; de esta forma la fe, que es para ella el conocimiento más perfecto y trascendente, contiene y eleva los demás modos de conocer.

En la fe, que es donde culmina el microcosmos místico, Sor Juana encuentra la posibilidad de saciar su sed de conocimiento, y es que no la concibe como algo irracional, sino como algo que parte de lo racional y, sin perder el deseo de dar a sus contenidos argumentación y credibilidad, se va remontando hasta el misterio, hasta lo místico.

¿Cayó Sor Juana en las trampas de la fe, como sostiene Octavio Paz? La respuesta, a mi parecer, es sí, pero en un sentido superior, pues es en la plenitud del conocimiento místico por la fe, expresado en la poesía y posibilitado por la consideración del hombre como microcosmos, en la que un

---

[33] De hecho se encuentra también una rica veta moral o ética en la obra de nuestra poetisa; *Vid.* Constance M. Montross, *op. cit.*

[34] *Vid.* Ramón Xirau, *op. cit.*, pp. 85 ss.

conocimiento cuasi-angélico se encabalga en los sentidos y la razón; por consiguiente, es en la fe donde nuestra poetisa encontró colmadas sus aspiraciones de sabiduría.

6.7 Sor Juana y las diferentes ramas de la filosofía

A lo largo de su obra, se puede apreciar que Sor Juana tenía conocimiento de las diferentes materias de la filosofía y de su historia. Menciona a Platón y a Aristóteles, así como a otros personajes de la Antigüedad y de la Edad Media. También, como hemos dicho, conoce a varios de los filósofos de su tiempo, especialmente a Kircher, de cuyo hermetismo filosófico se había empapado; lo mismo se ven trazas de algunos filósofos modernos, como Descartes y Gassendi.

Por lo que respecta a la lógica, se dice que nuestra monja había escrito las súmulas o compendios de esta materia, pero actualmente se consideran perdidas y, de haberse conservado, habrían revelado mucho sobre su saber filosófico. Estos datos hablan del conocimiento que tenía de la lógica, la cual, aunque era materia introductoria, también era árida y difícil, por lo que resulta sorpresivo encontrarla tan bien trabajada en alguien dedicado más a la poesía.

En ese sentido, en varias partes se la ve hablar de las tres operaciones de la inteligencia: conceptualización, juicio y raciocinio. En cuanto a los conceptos, alude a su intensión y su extensión, diferenciándolas nítidamente. A su vez, maneja los predicables: género, especie, diferencia, propiedad y accidente, es decir, a los diez predicamentos o categorías. Asimismo, conoce los silogismos, pues menciona algunos de sus modos, inclusive con sus nombres mnemotécnicos –Barbara, Celarent, Darii, etcétera–, y toca algunos puntos de lógica modal –el modo *posible*, por ejemplo–.

De igual manera, en su obra se encuentra el uso de algunos términos propios de la argumentación o disputa escolástica, como "conceder", "negar", "poner en contra", "pasar", etcétera. Además, habla de premisas, inferencias y hacer argumentos en forma, así como de los sofismas –"sofísticas redes"–. Asimismo, menciona la convertibilidad de las proposiciones y la ilación, e incluso menciona algunos silogismos y otras inferencias en sus versos, por ejemplo:

> Este, que ves, engaño colorido,
> que del arte ostentando los primores,
> con falsos silogismos de colores
> es cauteloso engaño del sentido [...][35]

A su vez, trata otros temas asociados a la lógica, por ejemplo, la epistemología. Sobre este aspecto, nuestra jerónima sostiene que la ciencia es hija del discurso o raciocinio, además, apunta a la teoría de la subalternación de los saberes, cuando expresa que la música está subalternada a la aritmética, pues es una de sus diferencias o partes, a saber, en la que se unen lo discreto y lo sonoro.

En el ámbito de la filosofía del lenguaje, que también se veía como aledaña a la lógica, la Décima Musa habla de la denominación de una cosa a partir de otra y los cambios que hay en ello, sin que las mutaciones de los vocablos cambien la esencia o substancia de las cosas. Igualmente, la retórica era vista como un aspecto de la lógica y para nuestra autora, como teoría de la argumentación. De ella maneja varios conceptos y elogia en varias partes su poderío persuasivo; además, alude a dos de los más grandes oradores, Demóstenes y Cicerón, uno griego y otro romano.

Sor Juana define la retórica como el arte de hablar bien y su objeto es la cuestión de la que hay que persuadir, así, enumera las partes de la pieza oratoria que son exordio, narración, confirmación y epílogo. De igual modo, habla de los principales géneros de la retórica que son epidíctico, judicial y deliberativo; así como sus instrumentos que son la cuestión, la proposición y el silogismo, a los cuales se añade la complexión, como encargada del ornato.

---

[35] Sor Juana Inés de la Cruz, *Obras completas*, t. I, ed. cit., núm. 145, p. 277.

En ese sentido, recita algunos de los recursos para el ornato, como son los tropos y las figuras. De entre los primeros, alude a la sinécdoque, la antonomasia, la metáfora, el énfasis y el enigma, como se puede captar en este ejemplo:

> [...] a vos, de quien aprender
> pudiera a hacer en su siglo
> Tácito los documentos,
> y Platón los silogismos,
> Aristóteles lo agudo,
> Demóstenes lo bien dicho,
> Séneca lo sentencioso,
> y lo métrico Virgilio.[36]

Tocante a la teoría del conocimiento, la Décima Musa habla del origen sensorial del saber en la experiencia, a partir de la cual se eleva hasta la ciencia más sutil. Bajo su enfoque, incluso la experiencia ajena puede servir para elaborarla. Menciona que el entender antecede al discurrir y que el entendimiento sirve para obtener principios o premisas, mientras que el raciocinio para extraer conclusiones o probar tesis. El entender es perspicaz y el discurrir es sutil, pero el primero es más perfecto que el segundo, pues es intuitivo, propio de Dios y los ángeles, mientras que el segundo es fatigoso y arduo, y de manera peculiar y característica pertenece al ser humano.

En ese orden de ideas, señala que el raciocinio es más propio de la ciencia, en tanto que la intuición lo es de la sabiduría. Alude al conocimiento de las causas por los efectos –i.e. *a posteriori*–, y explica que las potencias o facultades tienen objetos a los que se dirigen y por los que son actualizadas o puestas en acto. Asimismo, toma en cuenta los simulacros o especies de las cosas que se forman en los sentidos, al igual que en el intelecto, se trata de objetos visibles e inteligibles, a los que a veces llama "ideas".

---

[36] *Ibidem*, núm. 46, vv. 21-28, p. 131.

Por un lado, alude a la fantasía o imaginación, y por otro, a la estimativa, que son dos de los sentidos internos; además, habla del conocimiento de los relativos, donde al conocer a uno se conoce al otro, por estar implicado. La monja señala que la sabiduría infusa o dada por Dios es superior a la adquirida mediante el estudio; por consiguiente, dice que el conocimiento que Él tiene de las cosas es mediante un acto puro e infinito, por el cual ve todo lo pasado y lo futuro como presentes. Respecto a estos actos del conocimiento tenemos este testimonio:

> Ya que, en objetos visibles
> de metafórica idea,
> de la interior perfección
> del Alma, racional muestra
> queremos dar en los tres,
> porque pueda la rudeza
> del sentido percibir
> las invisibles esencias,
> y por aquéllos alcance
> (con su condición grosera)
> y pueda elevarse a amar
> las cosas que no penetra,
> haciendo, con esta industria,
> que de un mismo asunto, sea
> una cosa la que mire
> y otra cosa la que entienda;
> y pues yo al Entendimiento,
> tú a la Voluntad, y aquélla
> representa a la Memoria,
> siendo todos una mesma
> cosa en el Alma, aunque somos
> operaciones diversas
> (pues todas tres son el Alma,
> y el Alma es toda cualquiera,

en que cada parte es todo,

como indivisible esencia),

y pues al Entendimiento

tocan todas las propuestas,

que después la Voluntad

las admite o las reprueba,

yo quiero empezar.[37]

En lo concerniente a la filosofía natural o cosmología, la autora alude en varias partes al hilemorfismo, es decir, a la teoría de Aristóteles sobre la composición de materia y forma en los entes corpóreos. Dentro de este tema, menciona la privación, que es el otro principio fundamental, y plantea que la materia es menos perfecta que la forma. Precisa también que la materia y la forma constituyen la esencia o naturaleza y por ello se refiere a la naturaleza como la causa segunda de todas las cosas, siendo Dios la primera, a la cual ayuda y sirve.

Nuestra autora ya habla de las naturalezas o esencias, además de considerar las cuatro esencias básicas o elementos (tierra, agua, aire y fuego), y no conforme con señalar éstas, añade la famosa quinta esencia, que es la de los cuerpos celestes. De ese modo, para ella, la esencia es la naturaleza y la naturaleza es la causa segunda, supeditada a la primera, que es Dios.

Siguiendo sus ideas sobre los elementos, alude a sus cualidades opuestas y señala cómo éstas encuentran su equilibrio cuando forman parte de los cuerpos. Añade además las alteraciones de las cualidades de esos cuerpos, realizadas por los cambios de temperamento de los elementos. Respecto a ello, dice que el agua es húmeda y fría, y se opone diametralmente al fuego, que es cálido y seco, así como la tierra es fría y seca, y por último el aire, húmedo y caliente.

---

[37] Sor Juana Inés de la Cruz, "Loa a los años de la reina nuestra señora, doña María Luisa de Borbón", en *Obras completas*, t. III, ed. cit., núm. 379, vv. 13-43, pp. 377-378.

Dentro de este tema, también trata sobre la generación y la corrupción, así como del cambio substancial y del accidental. En su obra llega a hacer mención de la bilocación, que es se refiere a ocupar dos lugares al mismo tiempo, problema que se discutía en las escuelas por tratarse de algo milagroso. También habla del compuesto substancial o supuesto, que es el ente individual y concreto, al igual que ahonda en la acción, en especial la inmanente.

Asimismo, Sor Juana refiere al centro natural de las cosas, que era donde se creía que tenían su lugar propio y al cual tendían. En esos estudios, observa el movimiento del cielo y el influjo de los astros sobre los seres sublunares, y por otro lado, los orbes del cielo, que al moverse, ejecutan una armonía.

Con base en estas ideas, considera a la música como una de las partes de la matemática, subalternada además a la aritmética, en tanto que ésta le brindaba algunos principios y elementos para sus explicaciones. Su entendimiento de la música es a la manera de los pitagóricos, cuyas ideas pasaron a la cristiandad a través de Boecio con conceptos como la armonía de las esferas, escrita por Dios en números que había que desentrañar.

Por otro lado, habla de la virtud generativa atribuida al sol, que hacía brotar y crecer a las plantas que tienen alma vegetativa. Toca además el tema de la luz, y llega a mencionar la búsqueda de la cuadratura del círculo, que algunos, como Kircher, llevaban a cabo.

Expone la idea de intensión, perteneciente también a la lógica, sólo que aquí aplicada a los cuerpos. Así, entiende la intensión de los cuerpos como el crecimiento en alguna propiedad accidental que tienen, incluso plantea la discusión de si podía haber un crecimiento o intensificación de la misma forma substancial.

Para ejemplificar esta exposición del hilemorfismo aristotélico en Sor Juana, me parece pertinente recuperar el siguiente fragmento:

Y ya que juntos os miro,
nobles Elementos cuatro,
cuya fecunda discordia

> es madre de efectos tantos:
> vosotros, que variamente
> con paz y guerra luchando,
> sois contrarios muy amigos,
> y amigos muy encontrados;
> y a ti, Cielo, que influyendo
> en sus movimientos varios,
> divides hermosamente
> en cuatro partes el año,
> pues todo lo sublunar,
> a expensas de tu cuidado,
> vive a merced de tus lluvias
> y al influjo de tus astros [...][38]

Hecho este recorrido por el hilemorfismo en sus textos, veremos que también tiene aspectos de la metafísica. En ese sentido, la autora habla de las causas, y añade que al cesar la causa, también lo hace el efecto; así, señala la conexión entre el efecto y la causa, y también a la del efecto de una cosa con la esencia de la misma.

Menciona el esquema causal completo de Aristóteles, guardado por los escolásticos, con las cuatro causas: final, eficiente, formal y material. Asimismo, hace varias distinciones, la primera de ellas es entre esencia y accidentes, después entre substancia y accidentes, así como entre esencia y existencia. Sor Juana considera que la esencia es lo más constitutivo del ente, de manera que, si se niega ésta, se ha de negar también aquél.

Toca el tema de la acción y la pasión, principalmente de la acción inmanente y distingue la potencia del acto. También se refiere a los universales y señala que las especies subsisten aunque los individuos mueran. Señala que los individuos se dan por parte de la materia y los universales por parte de la forma.

---

[38] Sor Juana Inés de la Cruz, "Loa a los años...", *Obras completas*, t. iii, ed. cit., vv. 64-79, pp. 282-283.

Hace mención de la ontología de las relaciones, esa categoría que es la más débil de todas, pero que une a los entes con sus cadenas, de manera que, al conocer uno de los relativos, se conoce el otro, dado que se implican mutuamente. Relacionado con ello, refiere a la participación de todas las creaturas en el Ser de Dios; como ejemplo de esto, en los siguientes versos se aprecian elementos metafísicos u ontológicos, como la esencia, la substancia y los accidentes: "¡Que aunque los accidentes / distintos sean, / no puede la substancia / mudar la esencia! //".[39]

En lo tocante a la antropología filosófica, Sor Juana habla de las tres potencias o facultades anímicas del hombre: memoria, entendimiento y voluntad. Insiste en la libertad, ni siquiera violentada por Dios, ni tampoco por los astros, a pesar de que admitía cierta influencia de éstos en las acciones humanas.

Por supuesto, también habla del amor, sobre todo del que se tiene conforme al bien, y pondera el apetito de amor que tiene todo ser humano. A su vez, trata de los hábitos y las virtudes, y señala que la costumbre engendra el hábito, que puede ser bueno –virtud–, o malo –vicio–. Conforme a lo anterior, el hombre es un compuesto de materia y forma, esto es, de cuerpo y alma. La vida es el ser para el hombre, como viviente que es, y ésta es el acto esencial, los demás son accidentales.

Así pues, el hombre sin vida no es hombre, sino cadáver, pues donde están separados el cuerpo y el alma no hay ser humano, que es el compuesto de ambos; en ese caso, habrá, por una parte, un cadáver y, por otra, un alma separada. Señala que la vida más alta es la racional o intelectual, pues en efecto, el alma es la parte más perfecta, y se eleva a conocer y amar las cosas inmateriales o espirituales.

En ella, encontramos que el alma está toda en todas las partes del cuerpo, pues es de esencia indivisible; asimismo, que el hombre es un microcosmos y, dentro de él, el entendimiento es el compendio de todo lo existente. Respecto a su conocimiento antropológico da una muestra al hablar

---

[39] Sor Juana Inés de la Cruz, "Loa a los años...", en *Obras completas*, t. iii, ed. cit., vv. 149-152, p. 265.

de la libertad humana: "No hay cosa más libre que / el entendimiento humano; / ¿pues lo que Dios no violenta, / por qué yo he de violentarlo?".[40]

En torno a la ética, nuestra monja menciona la sindéresis, que es el hábito de los primeros principios en el intelecto práctico, el primero de los cuales es buscar el bien y evitar el mal, con lo cual se funda el orden moral. De esta forma, el hombre, con su libre albedrío, puede elegir lo bueno o lo malo, y en eso se basa la posibilidad de actuar conforme a una moralidad.

Bajo esta perspectiva, la razón y la virtud deben orientar esa vida ética y, buscando el bien, combatir los vicios. De igual modo, para la autora la razón del amor debe sobreponerse a la del Estado —que es maquiavélica—, y con ello, se abre la pauta para las ideas de la monja sobre los derechos naturales y los positivos. Agrega que no hay que separar el conocimiento del amor, sobre todo con respecto a Dios, que constituye el mayor bien y fin del hombre.

También recalca que la recta intención es lo más constitutivo del acto moral, y la que decide la bondad o maldad del mismo. Así pues, veamos cómo habla de la sindéresis: "¿No hay sindéresis en mí / con que lo mejor elija, / y ya que bien no lo entienda / por lo menos lo perciba?//".[41]

Además, encontramos ideas morales o éticas en la obra dramática de nuestra poetisa, donde expone las pasiones humanas, pero siempre con un mensaje de prudencia, sabiduría y búsqueda del bien.

6.8 Una aplicación de la filosofía: Sor Juana y su defensa de la mujer

La dedicación de Sor Juana a la filosofía constituyó toda una defensa de la mujer, especialmente por los sinsabores que le atrajo. Como ya he dicho, se

---

[40] Sor Juana Inés de la Cruz, *Obras completas*, t. I, ed. cit., núm. 1, vv. 17-20, p. 3.

[41] *Ibidem*, núm. 42, vv. 13-16, p. 120.

sabe que escribió una lógica, hoy perdida;[42] ahora, ¿qué la llevó a hacerlo? Ella misma nos dice que su encuentro con la filosofía fue un tanto asistemático y completamente autodidacta.

Se trataba de una lógica escrita en latín, y ya desde la Edad Media se decía: "Mujer que sabe latín, tiene mal fin";[43] así pues cabe preguntarse, ¿por qué Sor Juana orientaría sus latines a la composición de una obra sistemática de lógica, que es, por así decir, lo más sistemático de lo sistemático? Esto nos habla del amor que tuvo por la filosofía, en concreto, por la filosofía escolástica, que en sus manos dejaba de ser algo tan rígido y árido.

Quisiera recalcar el aspecto escolástico de su filosofía, porque a lo largo de los estudios de la Décima Musa se ha puesto de relieve el aprecio que tuvo por la neoplatónica renacentista, la hermética de Kircher e incluso el cartesianismo, pero no se ha destacado suficientemente la filosofía escolástica. Incluso, podría decir que se ha mirado como algo natural y dado en ella por ser la cultura dominante, y en consecuencia, no se ha tenido el cuidado de subrayar las ideas concretas que manejó de esta corriente.

Sor Juana tuvo que arrostrar muchas dificultades para dedicarse al estudio en general y sobre todo de la filosofía, pues nos cuenta cómo sus superiores e incluso los médicos le prohibían adentrarse en ese campo para no "alejarse" de las obligaciones de su estado y para no quebrantar la salud. Pese a esa negativa, ella no podía evitar ver con ojos filosóficos y reflexivos todas las cosas y aun de las más sencillas sacaba enseñanzas.

Ejemplo de esa actitud lo tenemos en su *Respuesta a Sor Filotea*, al referirle a su interlocutor que descubría numerosos secretos naturales cuando guisaba, e incluso, agrega con sorna:

[No quiero] cansaros con tales frialdades, que sólo refiero por daros entera noticia de mi natural y creo que os causará risa; pero señora, ¿qué

---

[42]   *Vid.* Walter Bernard Redmond, *Bibliography of the Philosophy in the Iberian Colonies of America*, Países Bajos, Martinus Nijhoff, 1972, p. 136; donde reporta una obra de Sor Juana sobre súmulas de lógica (*Summulae*), actualmente extraviada.

[43]   Con este dicho, de inmediato, casi sin querer, asociamos en nuestra mente esto con las clases de latín y de lógica que daría Abelardo a Eloísa.

podemos saber las mujeres sino filosofías de cocina? Bien dijo Lupercio Leonardo: *que bien se puede filosofar y aderezar la cena.* Y yo suelo decir viendo estas cosillas: *Si Aristóteles hubiera guisado, mucho más hubiera escrito.*[44]

Es una reflexión que brota de la curiosidad y la experiencia, y con ello me pregunto, ¿habrá algo más filosófico que esto? Sobre todo en épocas, –quizás la nuestra también lo sea–, dadas a la erudición libresca, resalta el talento filosófico en esta actitud vivencial y experimental frente a los acontecimientos y las opiniones de los otros.

Además, podemos estar seguros de que la filosofía de Sor Juana no se reducía a una mera "filosofía de cocina". Iba mucho más allá y las reflexiones que comunica, los autores que cita, las doctrinas que menciona o aun la importancia que concede a ciertas partes de nuestra disciplina, muestran que tuvo una idea de ninguna manera exigua del panorama filosófico y de sus prioridades. Lo vemos en la misma *Respuesta,* cuando critica el conocimiento insuficiente de la lógica que tenían algunos oradores sagrados y que se manifestaba en sus exégesis bíblicas tan deplorables.

Por otro lado, a través de su aprecio por las ciencias filosóficas, da testimonio del lugar que les concede como indispensables, aunque auxiliares, en el estudio de la teología, la cual era la cumbre de sus aspiraciones, según lo dice ella en la misma epístola antes mencionada[45] De esa manera, va enumerando las demás disciplinas que configuraban la filosofía en aquel tiempo, en el que se consideraban como filosóficas todas las ciencias que no fueran teológicas.

En esta autora está el ejemplo claro del derecho que tiene la mujer al estudio de cualquier ciencia que desee. Sor Juana se dedicó a la filosofía y a la teología, y aunque fue reprimida por ello, dejó escrita su defensa de las mujeres; así, sostiene que su papel no es lo que la sociedad decida

---

[44] Sor Juana Inés de la Cruz, *Respuesta a sor Filotea de la Cruz,* en Rubén Salazar Mallén, *op. cit.,* p. 98.

[45] *Ibidem,* p. 82.

acerca de ellas, sino que poseen el intelecto y la voluntad suficientes para sobrepasar esa condición y llegar a una gran sabiduría, como la que ella tuvo.

6.9 Sor Juana, la analogía y la iconicidad

La formación escolástica y el espíritu barroco dieron a Sor Juana un fino sentido de la analogía y, por consiguiente, podemos decir que fue eminente en el conocimiento de la hermenéutica analógica, entendida como el arte y ciencia de la interpretación de textos.

La analogía es un modo de significar intermedio entre la univocidad y la equivocidad; es decir, el significado unívoco es claro y distinto, riguroso y exacto, mientras que el equívoco es oscuro y confuso, ambiguo y disperso, y a diferencia de ellos, el significado analógico es serio pero también abierto.

La analogía fue un rasgo distintivo del Barroco, en el cual se tuvo una gran maestría en el manejo de la metáfora y la metonimia, que son las dos caras de la analogía, según Octavio Paz.[46] Con base en lo anterior, tenemos una hermenéutica analógica que busca una interpretación ajustada, pero abierta, en una tensión dinámica.

Sor Juana se gana el apelativo de hermeneuta analógica porque, en primer lugar, interpreta el texto bíblico más allá del sentido literal, buscando el espiritual; y en segundo, porque no aporta un sentido espiritual puramente exorbitado, sino que explora con mucha finura los tres sentidos espirituales.

Con ese proceder, desglosa el sentido espiritual en distintas partes, primero, el analógico o histórico, que compara o señala las semejanzas entre el texto bíblico y la conducta moral del hombre, es decir, la ética; después viene el alegórico, que indica las correspondencias entre el Antiguo Testamento y el Nuevo; y finalmente, el sentido anagógico o místico, que aventura coincidencias entre la vida presente y la vida futura o celestial. Además,

---

[46] Octavio Paz, *Los hijos del limo. Del romanticismo a la vanguardia*, Barcelona-Bogotá, Seix Barral, 1ª ri., 1990, p. 86.

en todo ello se manifiesta el uso del sentido analógico o moral, para pasar de la ética a la mística.

Es preciso añadir que el sentido analógico es decisivo porque hace cruzar, conecta, embona y sirve de mediación entre el literal y el espiritual. En efecto, el sentido histórico participaba del literal –Santo Tomás lo ve, incluso, como una clase de éste o casi reductible a él–, pues capta las semejanzas o correspondencias entre la historia sagrada y la historia personal. Este sentido, asimismo, auxilia para conectar con el alegórico, pero sin perder la vinculación o amarre con el literal o histórico.

Por su parte, como he mencionado, el sentido alegórico señala las relaciones entre Antiguo Testamento y Nuevo, y a su vez, da paso al sentido anagógico o místico, que marca la conexión entre el texto bíblico y el alma contemplativa, las coincidencias de la historia sagrada y el cielo, así como entre vida pasada y futura. Dado que trataba del futuro, el anagógico era el de la esperanza y del amor o caridad, más allá de la fe que pertenecía a los sentidos anteriores.

En la semiótica actual, la analogía coincide con la iconicidad, es decir, con el signo icónico, que es el que mantiene semejanza con su significado y puede ser de tres clases: imagen, diagrama y metáfora, de modo que se distiende entre un lado metafórico y otro metonímico. Su elemento principal es el diagrama o modelo y en ese sentido, la iconicidad en la obra de Sor Juana se muestra en varios aspectos.

Para ejemplificarlo, tomo sólo uno de dichos aspectos que es su aprecio por la imagen del hombre como microcosmos, esto es, como reflejo y síntesis del macrocosmos, o universo total, porque reúne en sí mismo partes de los distintos reinos de la creación, es decir, del mundo mineral, vegetal, animal y espiritual. En consecuencia, la imagen del hombre se vuelve ícono de la totalidad de lo existente, es un fragmento que muestra el todo, en el que éste resplandece completo.

De esta manera, si el Barroco fue marcadamente analógico por su empleo de metáforas y metonimias, la poetisa lleva esa característica a otro nivel, pues tuvo una maestría indudable en el manejo de esos dos tropos que, según el semiotista Roman Jakobson, constituyen los pilares del discurso humano.[47]

Metáfora y metonimia son las dos caras de la analogía, la cual, por consiguiente, cobra una enorme importancia para la literatura. Y por otro lado, si la hermenéutica es la que brinda los instrumentos para interpretar los textos literarios, no debe extrañarnos que aquí se llame a Sor Juana hermeneuta analógica, pues fue una perspectiva que desarrolló de manera sobresaliente.

De manera personal, quisiera agregar la gran inspiración que he encontrado en Sor Juana para proponer una hermenéutica analógica, que está prestando buen servicio y dando buenos resultados en la actualidad, tanto en la filosofía como en la literatura principalmente, aunque también dentro de otras disciplinas.

Dicha propuesta pretende brindar una salida alterna al estancamiento considerable del pensamiento entre el univocismo del positivismo y el equivocismo del posmodernismo. Se trata de una postura intermedia que busca no incurrir en la exageración de las otras dos y que tiene una gran deuda con esta genial monja jerónima.

Por todos los motivos expuestos, ha sido necesario recalcar la herencia que recibió nuestra poetisa de la filosofía y la teología de Santo Tomás de Aquino. Se ha insistido mucho sobre la presencia en su obra del neoplatonismo y del hermetismo, sin embargo, poco se ha indicado la influencia de Aristóteles. En ese sentido, estamos frente a una labor que debe hacerse para tener una visión más completa y verdadera del conocimiento de Sor Juana.

Si se toma en cuenta este aspecto que falta por profundizar, brillará más la luz y el prestigio de nuestra autora, quien es un tesoro en la cultura mexicana de la Nueva España del xvii, siglo del Barroco, tendencia tan propia de nuestros países latinoamericanos, con una modalidad tan distinta a la europea y que nos constituye como un mestizaje tanto étnico, como cultural.

---

[47] Roman Jakobson, *Ensayos de lingüística general*, México, Origen-Planeta, 1986, pp. 381 ss.

Nuestro Barroco fue el propio mestizaje de nuestra cultura, que ha seguido viviendo de esa interconexión de fuerzas que confluyen en nuestra historia. En ese marco, Sor Juana se convierte en un hito muy importante del pensamiento mexicano, pues muestra la mezcla de las culturas europea e indígena, además de manifestar la cohesión que llegaron a tener las diferentes corrientes filosóficas y teológicas de su momento. El pensamiento que hemos revisado fue proceso y desarrollo intelectual que nos constituye, y en Sor Juana, como si de una joya se tratara, se aprecia lo más brillante de éste.

6.10 Conclusión

Hemos hecho un recorrido por el notable saber filosófico de Sor Juana que permite apreciar aún mejor las dotes intelectuales de la genial poetisa mexicana. Es cierto que no ejerció la docencia en ninguna escuela, pero con su literatura, principalmente su poesía, se convirtió en la maestra de todos. Y como tal, nos sigue dando importantes lecciones, a causa del carácter perenne propio del arte que tiene su obra.

En la poesía tuvo una especial maestría en la metáfora y la metonimia, rasgo que atribuyo a su dominio de la analogía. Además, el concepto de la proporción hizo que no se desmidiera en ninguno de los dos lados populares en su época, y al contrario, tuviera un equilibrio entre el conceptismo y el culteranismo del Barroco, periodo tan importante en nuestra historia cultural y que nos ha dejado gran herencia.

Su conocimiento de la doctrina aristotélica y escolástica de la analogía, que abarca como dos caras la metáfora y la metonimia, ayudó a la pensadora a expresar en su poesía lo que conocía de filosofía, de manera que pasaba conceptos áridos a imágenes vistosas. Por estos motivos, considero a la Décima Musa como una filósofa barroca, además de poetisa.

Encontramos a la autora distendida entre su gran ansia de saber y su desengaño del conocimiento; su duda y su desconfianza del saber perfecto;

su desencanto de los alcances del conocer humano.[48] Sin embargo, de alguna manera, colmó sus aspiraciones de saber cuando entró en el silencio místico, y sobre todo, cuando entró en el silencio de la muerte. Es lo que canta acerca de nuestra poetisa y filósofa el doctor don Juan de Avilés, en un soneto fúnebre dedicado a ella:

> Si en la pequeña clara luz de un día
> vive la fresca Rosa edad entera,
> la Rosa –cuando el día muere– muera,
> pues ya no ha de crecer su gallardía.
>
> Si su débil fragante bizarría
> no ha de ser más –aunque su vida fuera
> émula de la Délfica carrera–,
> muera, que ocioso su vivir sería.
>
> Pues si esta Rosa, que la Fama llora,
> en nueve lustros siglos ha tenido,
> ya no ha de saber más, ya nada ignora.
>
> Muera ya, pues que docto acuerdo ha sido
> que a quien todo lo sabe en una hora
> le sobra mucho tiempo en lo vivido.[49]

---

[48] Ramón Xirau, *op. cit.*, pp. 85 ss.

[49] Dr. D. Juan de Avilés, "Soneto fúnebre a Sor Juana" (de *Fama y Obras póstumas del Fénix de México*), en Alfonso Méndez Plancarte (ed.), *Poetas novohispanos, segundo siglo* (1621-1721), t. 2, México, UNAM, 1945, p. 88.

CAPÍTULO 7

La Ilustración en la Nueva España

7.1 Introducción

La Ilustración se da en México en la segunda mitad del siglo XVIII y principios del XIX. Sin embargo, desde ya el XVII había empezado a arrancar, por ejemplo, con el estudio de Descartes y otros modernos, así como con ciertos exponentes de la nueva ciencia por parte de Carlos de Sigüenza y Góngora e inclusive la propia sor Juana.

Con dichos antecedentes, es en el XVIII cuando se ve más claramente. Podemos distinguir distintas etapas, la primera en la que se siguió la vía tradicional, puramente escolástica, ignorando lo moderno; luego vino otra en la que se tomó en cuenta lo nuevo, pero para atacarlo; y finalmente, en la década de los cincuenta, se nota el cultivo de la filosofía y la ciencia modernas, en un eclecticismo que podemos llamar escolástica modernizada y se termina con un periodo de modernidad plena, incluso anti-escolástica.[1]

7.2 Los constructores

Para empezar, es preciso atender qué sucede en la primera parte del XVIII. Como es sabido, ya desde la segunda mitad del siglo XVII había comenzado

---

[1] *Vid.* Mauricio Beuchot, *Filosofía y ciencia en el México dieciochesco*, México, UNAM, 1996.

en Europa el fenómeno de la filosofía y la ciencia modernas; no obstante, en México, a pesar de algunas honrosas excepciones, como Sigüenza y sor Juana, la inmensa mayoría de los pensadores de la segunda mitad del XVII y la primera del XVIII se cerraron a esa influencia.

En concreto, toda esa primera mitad del siglo XVIII nos muestra filósofos que ni siquiera intentaron incorporar en su reflexión los materiales de la filosofía ni de la ciencia modernas. En los *Cursos Filosóficos* de esa época se hace caso omiso de lo moderno, ya existente y vigoroso, y se sigue profundizando en la filosofía escolástica; y si bien el trabajo que hicieron en la línea escolástica era serio y competente, claramente estaba alejado del nuevo filosofar.

Algunos autores notables de estos *Cursos* fueron, entre los franciscanos, Antonio Quiñones que escribió su curso en 1716-1719, Francisco de Céspedes, que redactó el suyo en la línea escotista, enseñado entre 1735 y 1737 en Puebla; además de Pedro de Oronsoro (1742-1744) y Manuel del Camino (1750).

Los dominicos también entraron en esta labor, entre ellos, Antonio Mancilla que dejó el manuscrito de un *Curso de filosofía* (1727) donde enseña la línea tomista más tradicional, así como Vicente Aragón (1741) y José Ignacio Cuéllar (1751). Los agustinos hicieron lo propio, como Fermín de Ylárregui (1717), Francisco Javier de la Meza (1732) y Vicente Tenorio (1750); mientras que en el campo de los jesuitas estuvieron José Maldonado (1721), José Ignacio Sánchez (1725) y Francisco Javier Alejo de Orrio (1750). Entre estos autores, destaca también el padre Nicolás Prieto, S.J., nacido en Monterrey, en 1696, que fue profesor en el colegio de San Pedro y San Pablo de México, y en 1730 dejó una *Lógica*. También enseñó teología en Guatemala y finalmente murió en el colegio de Mérida en 1751, del que era rector.

En teología sobresale el clérigo secular Juan José de Eguiara y Eguren, docto profesor en la Universidad. Además de su magna obra bibliográfica *Bibliotheca mexicana* (1755), escribió unas *Selectae dissertationes*

Mexicanae ad Theologiam tribus tomis distinctae (1746),[2] en las que expone temas de gran interés en un sentido completamente tradicional, sin interés en la Modernidad.

Por lo general, se ha menospreciado a este tipo de autores de la primera parte del siglo, pues, tomando como criterio la modernización, se ha visto con buenos ojos a los que promovieron una escolástica modernizada y se ha restado mérito a los que permanecieron en la tradicionalista.

Cabe destacar que no se trataba sólo de una cerrazón sin más; tenían la obligación de sopesar y probar esos nuevos contenidos de la filosofía moderna que llegaban a la Colonia con tanto retraso. Porque, en efecto, ya sea por causas políticas, ya por causas culturales, ingresó a la Colonia de manera mucho más tardía y dificultosa que en la de por sí retrasada metrópoli. Además de eso, la comprensible actitud defensiva, ciertamente exagerada en varios casos, hizo que algunos autores tomaran en cuenta la filosofía moderna ya para mencionarla sólo de pasada en sus lecciones, ya para atacarla sin ninguna comprensión y exaltar la seguridad y valor de la tradicional.

En esa otra línea, la de ataque a la Modernidad, se destacaron autores como el padre Pablo Robledo, S.J., nacido en Puebla en 1709, que enseñó teología en Guadalajara, así como en el Colegio de San Ildefonso de México de 1740 a 1742, y que en su *Física*, de corte suareciano, impugna a los filósofos corpusculares o atomistas. En esa línea, está también Francisco Cigala, cubano radicado en México, que escribió una carta sobre Feijóo, a quien increpó duramente.[3]

La segunda mitad del siglo XVIII se caracteriza, como se ha dicho, por un afán de asimilar orgánicamente en la filosofía escolástica las nuevas ideas filosóficas y científicas de la Modernidad. Por eso puede hablarse de

---

[2]   Parcialmente publicado en edición bilingüe. *Vid.* Juan José de Eguiara y Eguren, *La filosofía de la Trascendencia* (introd., trad. y notas de Mauricio Beuchot), México, UNAM, 1997.

[3]   Mauricio Beuchot, "La ciencia y la filosofía modernas en la carta contra Feijóo de Francisco Ignacio Cigala (México, siglo XVIII)", *Tempus. Revista de historia de la Facultad de Filosofía y Letras* (UNAM), 1, (1993), pp. 77-82.

una escolástica modernizada, aunque al final del siglo habrá algunos pensadores ya completamente modernos, sin trazas de escolástica.[4]

Varias causas influyeron en esta renovación, pues a pesar del *status quo* de la cultura del país, hubo un gran descontento a nivel político y cultural, inconformidad con el retraso de los escolásticos tradicionales y con la decadencia general que venía desde la metrópoli. Esta situación se dio en la Universidad y en los colegios de las órdenes religiosas, pero la renovación surgió sobre todo en los colegios de los jesuitas, grupo expulsado en 1767, en parte debido a este cambio que promovía.

Entre los jesuitas descuellan los padres Campoy, Clavigero, Alegre, Abad y Castro. El primero no dejó escritos, por lo cual se le ha dado el nombre de "el Sócrates" del grupo, pero los demás se encargaron de introducir las doctrinas modernas por escrito en los cauces de la escolástica, revitalizándola de esta forma. En ningún momento trataron de destruir sin más la tradición, sino de inyectarle vida con nuevos problemas y nuevas respuestas, tomados unos y otras de la moderna filosofía y haciendo caso a los aportes de la ciencia.

Como ya se dijo, Campoy inició el movimiento con su enseñanza oral. Del curso del padre Francisco Javier Clavigero (Veracruz, 1732–Bolonia, 1787) sólo queda la *Physica Particularis*, pero él mismo da a entender que escribió también sobre las otras materias, especialmente sobre física general o filosófica. Del padre Francisco Javier Alegre (Veracruz, 1729 –Bolonia, 1788) se encuentran muchos elementos filosóficos en su obra *Institutionum Theologicarum libri XVIII*, que se publicó en Venecia en 1789, además de una *Retórica*. Del padre Diego José Abad (Xiquilpan, Michoacán, 1727 –Bolonia, 1779) conservamos lo que solía incluirse en un curso filosófico (dictado en 1754-1756): *Tractatus unicus de Summulis. Disputationes in universam logicam Aristotelis; Philosophia Naturalis. Disputationes in octo libros Physicorum Aristotelis; De rerum ortu et interitu; De Anima; Philosophia Ultranaturalis. Disputationes in libros Metaphysicorum Aristotelis*. Por último, del

---

[4] Bernabé Navarro, *La introducción de la filosofía moderna en México*, México, El Colegio de México, 1948, pp. 107 ss.

padre Agustín Castro, quedó una traducción de la obra de Bacon de Verulamio *De la dignidad e incremento de las ciencias* y una *Acción oratoria* en contra de los "nuevos" métodos de enseñanza.[5]

Después de la expulsión de los jesuitas en 1767, otras corporaciones religiosas continuaron con la labor de modernizar la escolástica, como los oratorianos o clérigos pertenecientes a la Congregación del Oratorio. De entre ellos sobresale el padre Juan Benito Díaz de Gamarra y Dávalos (1745-1783), que entró en contacto con la cultura moderna en Europa y la enseñó en México en el colegio que su Congregación tenía en San Miguel el Grande.[6]

Su obra principal en el ámbito filosófico la constituyen los *Elementa Recentioris Philosophiae*.[7] En ese trabajo, Gamarra presenta una disposición y elaboración moderna de los temas que se acerca a la de Christian Wolff, pues además de la *Historia de la filosofía* –la primera que se escribe en México y tal vez en América–, su texto consta de *Lógica, Metafísica* –con la partición wolffiana: *Ontología, Psicología* y *Teología natural* solamente, ya que la cosmología es tratada en la parte de la *Física*–, *Ética, Geometría*[8] y *Física*.

En este escrito, Gamarra no es nada creativo y más bien dedica sus afanes a compilar lo mejor que encontró en los manuales modernos, para darlo a la juventud estudiosa mexicana. Esta obra fue tan famosa que estuvo propuesta para libro de texto en la Universidad de Salamanca, aunque no logró alcanzar ese *status*.

Dentro de esta área, otro trabajo importante del autor es *Errores del entendimiento humano*,[9] publicado bajo el pseudónimo de Juan Felipe de Bendiaga, anagrama de su nombre completo. Se trata, más que una obra propiamente filosófica, de la de un filósofo con fines pedagógicos y de divulgación, la cual desde su título indica el racionalismo y el "iluminismo" –más

---

[5] Bernabé Navarro, *Cultura mexicana moderna en el siglo XVIII*, México, UNAM, 1964, pp. 109 ss.

[6] Victoria Junco de Meyer, *Gamarra o el eclecticismo en México*, México, FCE, 1973, pp. 62 ss.

[7] Juan Benito Díaz de Gamarra y Dávalos, *Elementa Recentioris Philosophiae*, México, Lic. José de Jáuregui, 1774; (trad. cast. del 1° vol. Bernabé Navarro), México, UNAM, 1963.

[8] Cabe precisar, no redactada por Gamarra, sino por el matemático Agustín de Rotea.

[9] Juan Benito Díaz de Gamarra y Dávalos, *Errores del entendimiento humano*, Puebla, Oficinas del Real y Pontificio Seminario Palafoxiano, 1781.

bien eclecticismo– del autor, donde considera que los errores morales y sociales son fallas del entendimiento.

Gamarra combate los prejuicios anticientíficos de la época y trata de cuestiones concretas. Por ejemplo, propone reformas de salubridad e higiene, ajustadas a la naturaleza; ataca el sistema educativo, haciendo ver la necesidad de atender a los nuevos conocimientos científicos, con la preocupación de demarcar la filosofía y la ciencia.

Aunado a todos estos temas, es importante señalar que sugiere otros cambios sociales, de acuerdo a la idea de progreso y a la especificidad americana, lo que le ha valido el ser considerado como precursor ideológico de la Independencia, a pesar de que no tuvo conciencia clara de ello ni se opuso al gobierno virreinal.

De ese modo, encontramos que también hubo modernos independientes y hasta antiescolásticos. Fueron José Antonio Alzate (1737-1799) y José Ignacio Bartolache (1739-1790), que actuaron sobre todo como científicos y divulgadores de las ideas modernas, tanto en ciencia como también en filosofía.

De ellos hablaré un poco más adelante, pero antes veremos a un grupo interesante y llamativo por su deseo de estudiar la Modernidad. Se trata de unos alumnos de Gamarra, que dejaron publicadas unas *Academias de filosofía*, esto es, una antología o libro colectivo con ensayos sobre esos nuevos temas.

7.3 Discípulos de Díaz de Gamarra

En este apartado, daré paso a una muestra de la recepción de la filosofía y la ciencia modernas en el México del siglo XVIII. Son las *Academias de Filosofía* que los alumnos de Juan Benito Díaz de Gamarra y Dávalos hacían bajo la dirección de éste, que pueden servir para conocer el tipo de enseñanza que él daba, así como los contenidos filosóficos y científicos que se iban incorporando a la cultura novohispana en el momento, ya algo tardío, de la recepción de la Modernidad en estas tierras.[10]

Como contextualización de las *Academias*, digamos algo acerca del proyecto de modernización al que pertenecen, donde se había incorporado a la educación del momento esta práctica de los estudiantes. Recordemos que la historia el ejercicio de la academia se inicia con la de Platón, después pasa a una recuperación en el humanismo renacentista, remonta en el Barroco y llega hasta ese momento de la Modernidad o Ilustración que se recibía en América, concretamente en México, aunque aquí ya hubiera academias en imitación de lo que sucedía en la madre patria, en España.

Tanto el estado de la filosofía en el siglo XVIII, principalmente en la Nueva España, como el proceso histórico de la Congregación del Oratorio, a la que pertenecía Gamarra, con su dedicación expresa a la formación de la juventud por medio de los colegios, nos da la ambientación para la lectura de la obra. El ideal y la motivación de estos clérigos a los que prácticamente les tocó sustituir a los jesuitas después de que fueron expulsados en 1767, fue tomar su lugar en la educación de los jóvenes.

De este modo, se nos presenta la figura sobresaliente de Gamarra, cuya vida fue la docencia y encarna ese ideal educativo, estudioso y connotado de profesor en el colegio de San Miguel el Grande, uno de los más prestigiados del momento. Asimismo, pasó muchos trabajos para que llegara la filosofía moderna a estos lares, él mismo alude a sus desvelos para confeccionar, a partir de muchas lecturas y vigilias, sus *Elementa recentioris philosophiae* (1774).[11] Este libro fue el instrumento más directo que usó para su empresa de instruir a los intelectos mexicanos en las nuevas ideas.[12]

---

[10] Mauricio Beuchot, "Juan Benito Díaz de Gamarra y Dávalos", en José Rubén Sanabria (ed.), *Historia de la filosofía cristiana en México*, México, UIA, 1994, pp. 115 ss.

[11] Juan Benito Díaz de Gamarra, *Elementos de filosofía moderna* (trad. e introd. Bernabé Navarro), México, UNAM, 2ª ed., 1984.

[12] Bernabé Navarro, "Díaz de Gamarra, representante pleno del proceso de modernidad en el México colonial", en Carlos Herrejón Peredo (ed.), *Humanismo y ciencia en la formación de México*, Zamora, El Colegio de Michoacán, 1984, pp. 339 ss.

A este empeño confluyeron también las *Academias,* las cuales podían ser filosóficas y también científicas, pues al fin y al cabo, no había la misma exigencia de distinción entre ambas como la que ahora les imponemos. Además, conocemos un escrito de Gamarra sobre pedagogía, las *Máximas de educación*, donde se encarece la práctica de dichos ejercicios didácticos que eran las *Academias* y que el célebre profesor tenía como herramienta conducente a su propósito cultural.

En las *Academias* de 1772 se dan a conocer varios nombres de los estudiantes que participaron con la pronunciación de sus respectivos discursos. Los temas siempre apuntan a la modernización de los conocimientos, y se ven entre esos alumnos personajes que serían destacados en la historia de la patria, como Manuel María de Gorriño y Arduengo, quien después sería un pensador liberal. Pero también hay otros que estudiaron en el mismo colegio y sobresalieron en la praxis, por ejemplo Ignacio Aldama, uno de los insurgentes en la guerra de Independencia.

Las *Academias* de 1774 se inician con una dedicatoria de Gamarra al obispo de Michoacán, Luis Fernando de Hoyos Mier, al que le presenta un elogio de la filosofía.[13] Dice Gamarra que, mientras este saber era muy serio en sus orígenes, después decayó y se dedicó a cuestiones inútiles, a puros entes de razón o ideales, sin embargo, señala que los modernos la rescataron, y dieron frutos en beneficio de los seres humanos. Como autores modernos cita a Bacon, Descartes, Newton, Leibniz, Boerhave, Wolff, Desaguillier y Muschembroeck,[14] de quienes asegura que le ayudarán a combatir a los enemigos de la religión, como Spinoza, Hobbes, Bayle y otros. Añade que estos conocimientos modernos se enseñan en los mejores colegios de Europa.

Las *Academias* tratan de la física nueva, comparada con la tradicional vista como anticuada. Asimismo, abordan la electricidad, explicada con una nueva teoría, que es la de Beccaria, Jallabert, Franklin, Nollet y Paulian.[15]

---

[13] Juan Benito Díaz de Gamarra *et al., Academias filosoficas, que se han de tener publicamente en el Colegio de S. Francisco de Sales de los PP. De la Congregacion del oratorio de S. Felipe Neri en la Villa de S. Miguel el Grande*, México, Felipe de Zúñiga y Ontiveros, 1774, p. IV.

[14] *Ibidem*, p. VI.

[15] *Ibidem*, p. 5.

Luego se extienden sobre la óptica para explicar el funcionamiento del ojo, los principios de la visión, la luz y su reflexión y su refracción. Terminan con una curiosa disertación sobre el alma de los brutos, en la línea cartesiana.[16] Citan, entre otros, a los modernos Leibniz, Wolff y Maupertius, y a los modernizantes Genovesi y Feijóo.

De hecho, son numerosos los autores que se citan en las *Academias*, tanto clásicos como modernos; de la nutrida lista, entresacamos a los de la época que fueron los productores de la Modernidad y a algunos filósofos, como Francis Bacon de Verulam, Descartes, Bayle, Spinoza, Leibniz y Wolff; científicos, como Newton, Boerhave, Franklin y Beccaria; pero también otros que sólo eran transmisores de la Modernidad, a través de manuales u otras obras parecidas, como Feijóo y Genovesi. El gran bagaje demostrado habla del considerable número de escritores modernos que se leían o, por lo menos, se conocían y con ello, brinda un índice del elevado nivel de los estudios en ese colegio modernizado o ecléctico.

El texto de estas *Academias* seguramente impresionó a los que fueron espectadores de las mismas, en especial, como es de suponer, a los padres de aquellos estudiantes, entre los que habría gente culta que apreciara la novedad de las teorías. Es un testimonio de la renovación de la enseñanza de la filosofía llevada a cabo por los padres oratorianos como continuación de la obra de los jesuitas.

Estas *Academias filosóficas* son además un elemento importante para la historiografía de la filosofía en México, pues constituyen una muestra de los afanes de Gamarra en ese caminar hacia la modernización de los estudios filosóficos y científicos en la Nueva España.

De igual relevancia, está el célebre libro de texto que Gamarra entregó a la juventud estudiosa, los *Elementos de filosofía moderna*, que formó a los alumnos mexicanos, e incluso, estuvo propuesto para ser empleado en las universidades españolas, aunque el celo y la envidia no permitieron que pasaran la prueba. Así pues, cuando el texto se propuso para que fuera usado en la Universidad de Salamanca, la comisión nombrada para revisarlo no lo

---

[16]   *Ibidem*, p. 11.

aprobó, alegando que tomaba muchas cosas de autores secundarios o transmisores de la Modernidad; sin embargo, se ha contemplado también otra razón, que es que ya contaban con algún texto español para ser elegido.[17]

Todo ello es muestra de la fecundidad del esfuerzo de Gamarra por poner al día los estudios filosóficos. La filosofía y la ciencia moderna tenían que ser traídas a las aulas novohispanas, pero había que tener cuidado, pues sólo se podrían recoger aquellos elementos que fueran compatibles con la fe católica. Por esa razón, los modernizadores de este período fueron más bien eclécticos, ya que no podían ser modernos en el completo sentido de la palabra, sin embargo, es claro su papel determinante para la modernización de la enseñanza en México.

7.4 Los científicos

Ampliamente relacionado con el movimiento filosófico, sobre todo en cuanto a su modernización, tenemos a un grupo de pensadores más bien de índole científica que buscaban la promoción del hombre, a nivel teórico y práctico e incluso, técnico. Me refiero específicamente a Alzate y Bartolache, el primero más del lado de las ciencias físicas, el segundo en el de las matemáticas, aunque también cultivó la medicina.

Dichos autores tuvieron un especial vehículo de transmisión de conocimientos que fue el de los periódicos; por su parte, Alzate dirigió el *Diario literario de México*, la *Gaceta de literatura* y la *Gaceta de México*, mientras que Bartolache editó el *Mercurio volante*, además de dejar unas célebres *Lecciones de matemáticas* (1769).[18]

El padre José Antonio Alzate, nacido en Ozumba en 1737, estudió filosofía y teología en la universidad donde obtuvo el grado de bachiller de artes en 1753 y el de teología en 1756. El 12 de marzo de 1768 comenzó a

---

[17] Vicente Muñoz Delgado, "La Universidad de Salamanca (1778) y los *Elementa recentioris philosophiae* (México 1774) de Juan Beníto Díaz de Gamarra y Dávalos", *Cuadernos salmantinos de filosofía*, 8, (1981), pp. 149 ss.

[18] Mauricio Beuchot, *Filosofía y ciencia en el México dieciochesco*, ed. cit., pp. 91-104.

publicar el *Diario Literario de México*, el cual no pasó de mayo de ese año y se quedó hasta los ocho números, pero influyó decisivamente en la renovación del pensamiento.

En el número 2 del 18 de marzo, reseña unas aserciones filosófico-teológicas de fray José de Soria, o.f.m., bajo la presidencia de fray Antonio Vicente Arias, o.f.m., defendidas en el convento de Santiago de Querétaro en enero de ese año de 1768. Son cuestiones de física relativas a la creación, donde se defienden las ideas atomistas y modernas de Gassendi, aunque el padre Soria impugna a Newton en la cuestión de la luz.

En ese mismo volumen, menciona, entre otros, a Galileo, Buffon, Kepler, Huygens, Du Hamel, Fontenelle y John Wilkins.[19] Alzate trabajó en numerosas obras de geografía, meteorología y astronomía, que le valieron ser nombrado miembro de la Academia de Ciencias de París, en 1771, y para 1773 ingresa como individuo de número a la Real Sociedad Vascongada de Amigos del País. Este fraile siguió trabajando en periódicos y elaborando diversos escritos científicos, hasta su muerte en 1799.[20] Así, se convierte, además de representante de la ciencia moderna, en propugnador de la filosofía ilustrada.[21]

Con Alzate tuvieron alguna conexión los científicos Joaquín Velázquez de León (1732-1786),[22] Antonio de León y Gama (1735-1802),[23] y José Ignacio Bartolache, que en sus *Lecciones matemáticas* expone la nueva metodología de tipo matemático –aplicable a toda la ciencia natural–, siguiendo a Arnauld, a Descartes y a Malebranche, así como a Wolff.

---

[19] José Antonio Alzate y Ramírez, *Obras, I.- Periódicos* (ed. Roberto Moreno de los Arcos), México, unam, 1980, pp. 8-13.

[20] Roberto Moreno de los Arcos, "Introducción", en José Antonio Alzate, Memorias y ensayos, México, unam, 1985. *Vid.* Juan Hernández Luna, "J. A. Alzate, hombre de la Ilustración", en *Memorias del 1er Coloquio Mexicano de Historia de la Ciencia*, vol. 2, México, Sociedad Mexicana de Historia de la Ciencia y la Tecnología, 1964, pp. 201-206.

[21] Rafael Moreno, "Alzate y la filosofía de la Ilustración", Filosofía y Letras (unam), XIX, 37 (ene.-mar. 1950), pp. 107-129; "J. A. Alzate y la filosofía de la Ilustración", *Memorias y Revista de la Academia Nacional de Ciencias* (México), 57, 1-2 (1952), pp. 55-84.

[22] Roberto Moreno de los Arcos, *Joaquín Velázquez de León y sus trabajos científicos sobre el Valle de México, 1773-1775*, México, unam, 1977.

[23] Elías Trabulse, "Antonio de León y Gama, astrónomo y novohispano". *Humanidades* (uia), 3 (1975), pp. 201 ss.

En la primera lección trata de forma abundante la lógica aplicada como metodología, así como en la segunda añade numerosos elementos de psicología gnoseológica o teoría del conocimiento. En ello, sigue mucho a Leibniz, como él mismo lo declara, pero también propone tratar toda la ciencia natural con método matemático, y esto lo sitúa en la línea de Descartes, Leibniz, Wolff y Newton, en la *mathesis universalis* o cálculo lógico aplicado al saber natural y no sólo al formal.[24]

También se encuentra en estrecha relación con el grupo científico, pero más centrado en la filosofía, José Mariano Mociño Suárez de Figueroa, que dirigió dos presentaciones de tesis o aserciones. Una fue de lógica, sustentada por José Joaquín Varela, en el Colegio de la Santa Cruz, cuyas tesis están tomadas de la enseñanza de Mociño, pues el título dice: *Josephi Mariani Mozinni Suarezii de Figueroa Institutiones Logicae quae, ipso praeside, Josephus Joachimus Varela Ximenes Bohorques ad Sanctae Crucis eaedem Academiae discusioni subjicit, Puebla, Tipografía de D. Pedro de la Rosa, 1781.*[25] Además, otra defensa de tesis fue de metafísica, sustentada por Luis Mantecón e Ibáñez, en el mismo colegio, el mismo año, y publicada en la misma imprenta.

Finalmente, cabe mencionar a Juan Nepomuceno Sánchez y González, del cual nos quedan unas *Adsertiones ex Physica Generali*, publicadas en México en la imprenta de Mariano Zúñiga y Ontiveros, en 1796.[26] Del año siguiente, 1797, en la misma imprenta, son las *Logicae et Metaphysicae assertiones*, de José María Miranda y Estrada.[27] Y de 1798, unas *Philosophicae assertiones et quaestiones* que defendió José María Castro y González en el seminario tridentino de San José, bajo la presidencia de Manuel Cerviño de

---

[24]   *Vid*. Roberto Moreno de los Arcos, "Las Lecciones Matemáticas del Doctor Bartolache", *Humanidades* (UIA), 2 (1974), pp. 221 ss; José Ignacio Bartolache, *Mercurio Volante*, México, UNAM, 1979; J. I. Bartolache Periodismo ilustrado, México, UNAM, 1983.

[25]   Emeterio Valverde Téllez, *op. cit.*, p. 102.

[26]   Pablo González Casanova, *El misoneísmo y la modernidad cristiana en el siglo XVIII*, México, El Colegio de México, 1948. *Vid*. Walter Redmond, *Bibliography...*, ed. cit., núm. 660, p. 89.

[27]   *Ibidem*, núm. 454, p. 60.

los Ríos, publicadas ese mismo año.[28] Por último, y todavía del siglo XVIII, pero de fecha imprecisa, es un tratado *De logica facultate sive de philosophia rationali*, que se conserva sin datos.[29]

7.5 Consecuencias

Dentro de los que optaron por la Modernidad, se coloca a don Miguel Hidalgo y Costilla (1753-1811), cura e iniciador de la lucha por la Independencia de México con respecto a España. Él escribió un trabajo que fue premiado, intitulado *Disertación sobre el verdadero método de estudiar teología escolástica* (1784), en el que introduce a varios autores modernos.

Al finalizar la época colonial, en la última década del siglo XVIII y la primera del XIX, todavía se ven algunas cuestiones notables en la producción filosófica de los autores mexicanos. Por ejemplo, el propio libertador, Hidalgo, que fuera discípulo de los jesuitas, llevó sus ideas renovadoras y modernizantes a sus clases de filosofía; asimismo, fray Servando Teresa de Mier y fray Matías de Córdova, ambos dominicos; y desde el destierro en Italia, también el jesuita mexicano, Andrés de Guevara y Basoazábal cuyas *Institutionum Elementarium Philosophiae* (1796) tuvieron muchas ediciones tanto en Italia como en España. En este último país fue libro de texto en varias universidades, como la de Zaragoza, y fue objeto de compendios y traducciones.

Asimismo, el autor dejó manuscritos unos *Pasatiempos de cosmología*[30] donde se ve su espíritu moderno. No obstante, a partir de Hidalgo ya se trata del México independiente, y eso es tema de otra historia.

---

[28] Emeterio Valverde Téllez, *Bibliografía...*, p. 102.

[29] Jesús Yhmoff Cabrera, *Catálogo de obras manuscritas en latín de la Biblioteca Nacional de México*, México, UNAM, 1975, núm 385, p. 267.

[30] Andrés de Guevara y Basoazábal, *Pasatiempos de cosmología* (ed. José Ignacio Palencia), Guanajuato, Gobierno del Estado de Guanajuato- Universidad de Guanajuato, 1982.

7.6 Conclusión

Tal fue la recepción de la filosofía y la ciencia modernas en lo que podemos llamar la Ilustración novohispana. De esta forma, podemos ver que en México hubo la misma resistencia a la innovación que en la metrópoli española; pero, igualmente, en la segunda mitad del siglo XVIII, se desató una búsqueda de modernización, la cual atravesó por diferentes etapas hasta llegar a su plenitud.

CAPÍTULO 8

Conclusiones

Podemos ahora recolectar los frutos de nuestro trabajo, pues el esfuerzo por comprender la época novohispana nos ha conseguido algunos resultados nada despreciables.

Observamos en esta filosofía que el concepto de analogía estuvo presente en gran manera y fue utilizado en la especulación y la práctica. Eso nos capacitó para entender mejor a los pensadores que escribieron en esa época; de esa modo visualiza la idea de la analogía a través de figuras tales como Bartolomé de las Casas, Vasco de Quiroga, el doctor Hernández, Vera Cruz, Mercado, Antonio Rubio, Sigüenza, Sor Juana, Abad, Alegre, Clavijero, Guevara y Gamarra, es decir, toda una gama de autores a lo largo de los tres siglos que abarcó el virreinato.

Luego nos centramos en la preocupación de la filosofía novohispana por los problemas concretos y acuciantes de América. Señalé a varios paradigmas en la materia que fueron pensadores connotados de esa época, mismos que nos sirven de ejemplo de una filosofía hecha en función de la realidad mexicana

Uno de esos paradigmas fue Bartolomé de las Casas, en quien se percibe el uso que he señalado del concepto de la analogía. Es por medio de ella que pudo comprender, al menos en la medida de lo posible, la cultura indígena, tan diferente de la suya. Así, el autor emplea una verdadera hermenéutica analógica para dialogar con los pueblos originarios de América.

Después atendimos a fray Alonso de la Vera Cruz, a fray Tomás de Mercado y al padre Antonio Rubio, tres consumados filósofos del siglo XVI y principios del XVII, en su definición del objeto de la lógica o dialéctica, que es la ciencia y el arte de la discusión racional. Fueron maestros de los novohispanos y dejaron su impronta en el pensamiento posterior de estas tierras, por lo tanto, se consolidan como forjadores de nuestra mentalidad mexicana.

Transité entonces al Barroco de la Nueva España y puse de relieve a dos figuras fundamentales, una de ellas es la de fray Francisco Naranjo, dominico del siglo XVII, especial por su gran memoria, además de tener una importante teorización en filosofía y teología; la otra es la de Sor Juana Inés de la Cruz, de la cual me asomé a su conocimiento del sabio jesuita Athanasius Kircher.

Luego llegó el turno específicamente de profundizar en la Décima Musa, la cual nos ha dado lecciones de filosofía en sus poemas, de forma que demuestra que la filosofía y la poesía no están tan separadas. Resulta notable que sin haber sido profesora de esta disciplina, tuvo un conocimiento muy notable de ella, mismo que plasma en sus versos. Sor Juana hace ver que puede haber en la poesía bien trabajada un denso contenido de pensamiento; de ese modo, muestra también una poesía conceptual de la que podemos echar mano para revitalizar nuestra disciplina filosófica, a veces demasiado abstracta y árida.

Finalmente, consideré la Ilustración novohispana, en específico el movimiento de modernización de la enseñanza filosófica y científica en estas tierras. Vimos cómo fue ignorada al principio, después combatida, para finalmente ser asimilada hasta llegar a una modernidad plena.

Todo lo anterior nos ayuda a ver la excelencia del pensamiento que se dio en la época novohispana, periodo de la historia cultural de nuestra patria. A causa de ello, es es imperativo adentrarse en su estudio, pues de esa manera, nos acercamos a un mejor conocimiento de nuestra identidad y a una mayor comprensión de nosotros mismos a través de la trayectoria del pensamiento que nos constituye.

Por último, según hemos podido ver, la riqueza de pensamiento que se dio en el periodo novohispano estuvo acompañada por una sensibilidad analógica que hizo, a unos, preocuparse por la justicia para la otra cultura, oponiéndose al genocidio o etnocidio, como a Las Casas, Vasco de Quiroga y fray Alonso y Mercado; a otros, los hizo captar nuestra misma nacionalidad, que ya iba naciendo, como a Naranjo, Sigüenza y los ilustrados; y a algunos, finalmente, les permitió tener una disposición excelente para la poesía, como a Sor Juana. De ese modo, queda manifiesto que la analogía les dio un rendimiento notable a todos los que usaron este concepto.

Bibliografía

ALEGRE, Francisco Xavier, *Institutionum theologicarum libri XVIII*, Venetiis, Typis Antonii Zattae, 1789.

ÁLVAREZ, Jesús, *Fray Bartolomé de las Casas*, México, Cuadernos Dominicanos, 1984.

ALZATE Y RAMÍREZ, José Antonio, *Memorias y ensayos*, (ed. Roberto Moreno de los Arcos), México, UNAM, 1985

_______, *Obras, I.- Periódicos* (ed. Roberto Moreno de los Arcos), México, UNAM, 1980.

AQUINO, Santo Tomás de, *Opera*, Taurini-Romae, Marietti, 1920.

BATAILLON, Marcel, *Estudios sobre Bartolomé de las Casas*, Barcelona, Península, 1976.

BENÍTEZ, Laura, "Sor Juana Inés de la Cruz y la filosofía moderna", en Buxó, José Pascual y Arnulfo Herrera (eds.), *La literatura novohispana. Revisión crítica y propuestas metodológicas*, México, UNAM, 1994, pp. 208-215.

BERISTÁIN DE SOUZA, José Mariano, *Biblioteca Hispano Americana Septentrional*, México, Ediciones Fuente Cultural, 1947, 4 vols.

BEUCHOT, Mauricio, "Argumentación, retórica y conversión en Bartolomé de las Casas", *Cuadernos para la Historia de la Evangelización en América Latina*, 4, (1989), pp. 123-128.

_______, *Filosofía y ciencia en el México dieciochesco*, México, UNAM, 1996.

_______, *Filosofía y política en Bartolomé de las Casas*, Salamanca, San Esteban, 2013.

_______, *Historia de la filosofía en la época colonial*, Barcelona, Herder, 2ª ed., 2008.

Beuchot, Mauricio, "Juan Benito Díaz de Gamarra y Dávalos", en Sanabria, José Rubén (ed.), *Historia de la filosofía cristiana en México*, México, UIA, 1994, pp. 115-127.

_______, "Kircher y algunos filósofos mexicanos en el siglo XVII", *Intersticios* (UIC), 1, (1994), pp. 87-95.

_______, "La función de la filosofía en México", Beuchot, Mauricio, *et al.*, *La filosofía mexicana ¿incide en la sociedad actual?*, México, Editorial Torres, 2008, pp. 53-71.

_______, "La ciencia y la filosofía modernas en la carta contra Feijóo de Francisco Ignacio Cigala (México, siglo XVIII)", *Tempus. Revista de historia de la Facultad de Filosofía y Letras* (UNAM), 1, (1993), pp. 77-82.

_______, *Los fundamentos de los derechos humanos en Bartolomé de las Casas*, Barcelona, Ánthropos, 1994.

_______, "Microcosmos, filosofía y poesía en Sor Juana", *Universidad de México*, 424, (mayo 1986), pp. 29-32.

_______, "Poesía y filosofía escolástica en Sor Juana", en *Literatura mexicana* (UNAM), 3, (1992), pp. 269-281.

_______, *Republicanismo, hermenéutica y virtud*, México, UNAM, 2017.

_______, *Retóricos de la Nueva España*, México, UNAM-Instituto de Investigaciones Filológicas, 2ª ed., 2010 (Bitácora de Retórica, 2).

_______, *Sor Juana Inés de la Cruz, una filosofía barroca*, Toluca, UAEM, 2ª ed., 2001.

_______, *Tratado de hermenéutica analógica. Hacia un nuevo modelo de la interpretación*, México, UNAM, 5ª ed., 2015.

Beuchot, Mauricio (ed.), *El tratado de Francisco Naranjo para la enseñanza de la teología en el siglo XVII*, México, CESU-UNAM, 1994.

Beuchot, Mauricio y Walter Redmond, *La lógica mexicana en el siglo de oro*, México, UNAM, 1985.

_______, *Pensamiento y realidad en Fray Alonso de la Vera Cruz*, México, UNAM, 1987.

Buganza, Jacob, *En torno a Bartolomé de las Casas*, México, Torres, 2006.

Casas, Bartolomé de las, *Apologética historia sumaria* (ed. Edmundo O'Gorman), t.1, México, UNAM, 1967.

CASAS, Bartolomé de las, *Brevísima relación de la destrucción de las Indias*, Barcelona, Fontamara, 3ª ed., 1981.

______, *De regia potestate* (ed. Luciano Pereña), Madrid, CSIC, 1969.

______, *Del único modo de llamar a los pueblos a la verdadera religión* (ed. Agustín Millares Carlo), México, FCE, 1942.

______, *Historia de las Indias* (ed. Agustín Millares Carlo), México, FCE, 1951.

______, *Obras completas*, Madrid, Alianza, 1985.

______, *Tratados* (ed. Lewis Hanke), México, FCE, 1941.

CASTRO LÓPEZ, Octavio, *Sor Juana y el "Primero Sueño"*, Xalapa, Universidad Veracruzana, 1982.

CERUTTI GULDBERG, Horacio, "Las Casas, precursor de los movimientos libertarios de nuestra América", en *Symposium Fray Bartolomé de las Casas. Trascendencia de su obra y doctrina*, México, UNAM, 1985, pp. 251-264.

CONWAY, George, *Friar Francisco Naranjo and the Old University of Mexico*, Mexico, Gante Press, 1939.

CRUZ, Sor Juana Inés de la, *Obras completas* (ed. Alfonso Méndez Plancarte), México, FCE, 1ª ri., 1976, 3 vols.

DÍAZ DE GAMARRA Y DÁVALOS, Juan Benito *et al.*, *Academias filosoficas, que se han de tener publicamente en el Colegio de S. Francisco de Sales de los PP. De la Congregacion del oratorio de S. Felipe Neri en la Villa de S. Miguel el Grande*, México, Felipe de Zúñiga y Ontiveros, 1774.

______, *Elementa Recentioris Philosophiae*, México, Lic. José de Jáuregui, 1774; *Elementos de filosofía moderna* (trad. cast. Bernabé Navarro), México, UNAM, 1963.

______, *Errores del entendimiento humano*, Puebla, Oficinas del Real y Pontificio Seminario Palafoxiano, 1781.

DUSSEL, Enrique, *1492. El encubrimiento del otro. El origen del mito de la modernidad*, Bogotá, Antropos, 1992.

ECHEVERRÍA, Bolívar y Horst Kurnitzky, *Conversaciones sobre lo barroco*, México, UNAM, 1993.

EGUIARA Y EGUREN, Juan José de, *La filosofía de la Trascendencia* (introd., trad. y notas de Mauricio Beuchot), México, UNAM, 1997.

Evans, John David, *Aristotle's Concept of Dialectic*, Cambridge, Cambridge University Press, 1979.

Fernández Buey, Francisco, *La gran perturbación. Discurso del indio metropolitano*, Barcelona, El Viejo Topo, 1995.

Friede, Juan, *Bartolomé de las Casas: precursor del anticolonialismo*, México, Siglo xxi, 2ª ed., 1976.

Gaos, José, "El sueño de un sueño", *Historia Mexicana*, 10, (1960), pp. 54-71.

Gómez Alonso, Paula, "Ensayo sobre la filosofía en sor Juana Inés de la Cruz", *Filosofía y Letras* (unam), 60-62, (1956), pp. 59-74.

Gómez de Liaño, Ignacio, *Athanasius Kircher. Itinerario del éxtasis o Las imágenes de un saber universal*, Madrid, Siruela, 1990.

González Casanova, Pablo, *El misoneísmo y la modernidad cristiana en el siglo xviii*, México, El Colegio de México, 1948.

Green-Pedersen, Niels Jørgen, *The Tradition of the Topics in the Middle Ages. The Commentaries on Aristotle's and Boethius' "Topics"*, Munich, Philosophia Verlag, 1984.

Guevara y Basoazábal, Andrés de, *Institutionum elementarium philosophiae*, Roma, Paulus Junchius, 1796; *Instituciones elementales de filosofía* (ed. José Ignacio Palencia), México, Gobierno del Estado de Guanajuato – Universidad de Guanajuato, 1982.

______, *Pasatiempos de cosmología* (ed. José Ignacio Palencia), Guanajuato, Gobierno del Estado de Guanajuato- Universidad de Guanajuato, 1982.

Haack, Susan, *Filosofía de las lógicas*, Madrid, Cátedra, 1982.

Hernández, Francisco, *Obras completas*, t. vi, México, unam, 1984.

Hernández Luna, Juan, "J. A. Alzate, hombre de la Ilustración", en *Memorias del 1er Coloquio Mexicano de Historia de la Ciencia*, vol. 2, México, Sociedad Mexicana de Historia de la Ciencia y la Tecnología, 1964, pp. 201-206.

Hurtado, Guillermo, "Hacia una filosofía para la democracia en América Latina", en Beuchot, Mauricio *et al.*, *La filosofía mexicana ¿incide en la sociedad actual?*, México, Torres, 2008, pp. 73-102.

Jakobson, Roman, *Ensayos de lingüística general*, México, Origen-Planeta, 1986.

Junco de Meyer, Victoria, *Gamarra o el eclecticismo en México*, México, fce, 1973.

López Cámara, Francisco, "El cartesianismo en sor Juana y Sigüenza y Góngora", *Filosofía y Letras* (UNAM), 39, (1950), pp. 107-131.

Maza, Francisco de la, *Sor Juana Inés de la Cruz en su tiempo*, México, SEP, 1967.

Méndez Plancarte, Alfonso (ed.), *Poetas novohispanos, segundo siglo (1621-1721)*, t.2, México, UNAM, 1945.

Mercado, Tomás de, *Commentarii lucidissimi in textum Petri Hispani*, Hispalis, Hernandus Diaz, 1571; *Comentarios lucidísimos al texto de Pedro Hispano* (trad. Mauricio Beuchot), México, UNAM, 1985.

______, *In logicam magnam Aristotelis commentarii*, Hispali, Ex oficina Fernandi Diaz, 1571.

______, *Suma de tratos y contratos*, Salamanca, Matías Guast, 1569.

Montross, Constance, *Virtue or Vice: Sor Juana's Use of Thomistic Thought*, Washington, University Press of America, 1981.

Moreno, Rafael, "Alzate y la filosofía de la Ilustración", *Filosofía y Letras* (UNAM), XIX, 37, (ene.-mar. 1950), pp. 107-129.

______, "J. I. Alzate y la filosofía de la Ilustración", *Memorias y Revista de la Academia Nacional de Ciencias* (México), 57, 1-2, (1952), pp. 55-84.

______, "La filosofía moderna en la Nueva España", en Cueva, Mario de la *et al.*, *Estudios de historia de la filosofía en México*, México, UNAM, 3ª ed., 1980, pp. 123-132.

Moreno de los Arcos, Roberto, *J. I. Bartolache, Mercurio Volante*, México, UNAM, 1979.

______, *J. I. Bartolache, periodismo ilustrado*, México, UNAM, 1983.

______, *Joaquín Velázquez de León y sus trabajos científicos sobre el Valle de México, 1773-1775*, México, UNAM, 1977.

______, "Las *Lecciones Matemáticas* del Doctor Bartolache", *Humanidades* (UIA), 2, (1974), pp. 221-238.

Muñoz Delgado, Vicente, "La Universidad de Salamanca (1778) y los *Elementa recentioris philosophiae* (México 1774) de Juan Beníto Díaz de Gamarra y Dávalos", *Cuadernos salmantinos de filosofía*, 8, (1981), pp. 149-174.

Navarro, Bernabé, *Cultura mexicana moderna en el siglo XVIII*, México, UNAM, 1964.

Navarro, Bernabé, "Díaz de Gamarra, representante pleno del proceso de modernidad en el México colonial", en Herrejón Peredo, Carlos (ed.), *Humanismo y ciencia en la formación de México*, Zamora, El Colegio de Michoacán, 1984, pp. 339-358.

______, *La introducción de la filosofía moderna en México*, México, El Colegio de México, 1948.

Osorio Romero, Ignacio, *Antonio Rubio en la filosofía novohispana*, México, UNAM, 1988.

______, *La luz imaginaria. Epistolario de Atanasio Kircher con los novohispanos*, México, UNAM, 1993.

Pascual Buxó, José, *Las figuraciones del sentido*, México, FCE, 1982.

______, *Sor Juana Inés de la Cruz en el conocimiento de su "Sueño"* (Discurso de ingreso a la Academia Mexicana), México, UNAM, 1984.

Paz, Octavio, *Los hijos del limo. Del romanticismo a la vanguardia*, Barcelona-Bogotá, Seix Barral, 1ª ri., 1990.

______, *Sor Juana Inés de la Cruz o las trampas de la fe*, México, FCE, 3ª ed., 1983.

Pérez Fernández, Isacio, *Bartolomé de las Casas, ¿contra los negros?*, Madrid, Editorial Mundo Negro – México, Ediciones Esquila, 1991.

______, *Fray Bartolomé de las Casas*, Caleruega, OPE, 1984.

______, *Itinerario espiritual de Fr. Bartolomé de las Casas*, Querétaro, Instituto Dominicano de Investigaciones Históricas, 1996.

Quine, Willard, *Philosophy of Logic*, Englewood Cliffs, Nueva Jersey, Prentice-Hall, 1970.

Quiroga, Vasco de, "Reglas y ordenanzas para el gobierno de los hospitales de Santa Fe de México y de Michoacán", en Miranda, Francisco y Gabriela Briseño (eds.), *Vasco de Quiroga: educador de adultos*, Pátzcuaro, CREFAL - Colegio de México, 1984.

______, Vasco de, *Información en derecho* (ed. Carlos Herrejón), México, SEP, 1985.

Rand Parish, Helen y Harold E. Weidmann, "The Correct Birthdate of Bartolomé de las Casas", *The Hispanic American Historical Review*, 3, 56, (1976), pp. 385-403.

Redmond, Walter, *Bibliography of the Philosophy in the Iberian Colonies of America*, Países Bajos, Martinus Nijhoff, 1972.

Ricard, Robert, "Reflexiones sobre 'El sueño' de Sor Juana Inés de la Cruz", *Revista de la Universidad de México*, xxx, 4, (dic. 1975 - ene. 1976), pp. 25-32.

Rivas, Victor Gerardo, *La sombra fugitiva: la poética del precipicio en el* Primero Sueño *de Sor Juana y la comprensión del humanismo barroco*, México, UNAM, 2001.

Robles, Oswaldo, "Introducción", en Vera Cruz, Alonso de la, *Investigación filosófico-natural. Los libros del alma*, México, UNAM, 1942, pp. VII-XVII.

________, *Filósofos mexicanos del siglo XVI*, México, Librería de Manuel Porrúa, 1950.

Rubio, Antonio, *Commentarii in universam Aristotelis Dialecticam Magnam, et Parvam, cum Dubiis, et quaestionibus hac tempestate circa utrumque agitari solitis*, Compluti, Ex Officina apud Viduam Ioannis Gratiani, 4ª ed., 1613.

Saladino, Alberto, "Filosofía de la Ilustración novohispana", en Saladino, Alberto (comp.), *Historia de la filosofía mexicana*, México, Seminario de Cultura Mexicana, 2014, pp. 83-98.

Salazar Mallén, Rubén, *Apuntes para una biografía de Sor Juana Inés de la Cruz*, México, UNAM, 2ª ed., 1978.

Santo Tomás, *In IV Metaphysicorum* (ed. M. R. Cathala), Torino, Marietti, 4ª ed., 1926.

________, "Prooemium", en *In libros Posteriorum Analyticorum exposition* (ed. Ramundi Spiazzi), Taurini, Marietti, 1955.

Sigüenza y Góngora, Carlos de, *Libra astronómica y filosófica*, México, Herederos de la Vda. de Bernardo Calderón, 1690; nueva ed. Bernabé Navarro, México, UNAM, 1984, 2ª. ed.

________, *Teatro de virtudes políticas*, México, Vda. de Bernardo Calderón, 1680.

Soriano Vallès, Alejandro, *El Primero Sueño de Sor Juana Inés de la Cruz, Bases tomistas*, México, UNAM, 2000.

Torre Rangel, Jesús Antonio de la, *El uso alternativo del derecho por Bartolomé de las Casas*, Aguascalientes, Universidad Autónoma de Aguascalientes, 1991.

Torres, José Alfredo, *Bartolomé de las Casas, utopía vigente. Diálogo y educación no violenta*, México, Torres Asociados, 2003.

Trabulse, Elías, "Antonio de León y Gama, astrónomo y novohispano", *Humanidades* (uia), 3, (1975), pp. 201-221.

______, *El círculo roto*, México, fce-sep, 1984.

Valverde Téllez, Emeterio, *Bibliografía filosófica mexicana* (ed. fac. de la de 1913), t. I, Zamora, El Colegio de Michoacán, 1989.

Vargas Lozano, Gabriel, "Filosofía y sociedad en el México actual", en Beuchot, Mauricio, *et al.*, *La filosofía mexicana ¿incide en la sociedad actual?*, México, Editorial Torres, 2008, pp. 25-52.

Vasoli, Cesare, *La dialettica e la retorica del umanesimo. "Invenzione" e "Metodo" nella cultura del xv e xvi secolo*, Milán, Feltrinelli Editore, 1968.

Vera Cruz, Alonso de la, *Del cielo* (trad., pról. e introd., Mauricio Beuchot, coord. María de la Paz Ramos Lara), México, ceiich-unam, 2012.

______, *Libro de los elencos sofísticos* (introd., trad. y notas Mauricio Beuchot), México, unam, 1989.

______, *Libro de los tópicos dialécticos* (introd., trad. y notas Mauricio Beuchot), México, unam, 1989.

______, *Resolutio Dialectica*, Salmanticae, Ioannes Baptista a Terranova, 1569.

______, *Sobre el dominio de los indios y la guerra justa* (introd., trad. y notas Roberto Heredia), México, unam, 2004.

Vossler, Carl (ed.), *Primer Sueño*, Facultad de Filosofía y Letras-Universidad de Buenos Aires, Buenos Aires, 1953.

Xirau, Ramón, *Genio y figura de Sor Juana Inés de la Cruz*, Buenos Aires, eudeba, 2ª ed., 1970.

Yates, Francés, *Giordano Bruno y la tradición hermética*, Barcelona, Ariel, 1983.

Yhmoff Cabrera, Jesús, *Catálogo de obras manuscritas en latín de la Biblioteca Nacional de México*, México, unam, 1975.

Zumárraga, Juan de, "El segundo parecer de Zumárraga sobre la esclavitud", en Herrejón, Carlos (ed.), *Textos políticos de la Nueva España*, México, unam, 1984, pp. 173-183.

Esta edición consta de 500 ejemplares y se imprimió
el 31 de julio de 2020,
"memoria de San Ignacio de Loyola",
en la imprenta Ultra Digital Press, S.A. de C.V.
Ciudad de México, México